蒙台梭利早教经典分段育

蒙台梭利养育6岁孩子

〔意〕玛丽亚·蒙台梭利◎著　刘　妍◎编译

中国妇女出版社

图书在版编目（CIP）数据

蒙台梭利养育6岁孩子 /（意）蒙台梭利著；刘妍编译. --北京：中国妇女出版社，2016.2

ISBN 978-7-5127-1230-0

Ⅰ. ①蒙…　Ⅱ. ①蒙… ②刘…　Ⅲ. ①儿童教育—早期教育　Ⅳ. ①G61

中国版本图书馆CIP数据核字（2015）第301011号

蒙台梭利养育6岁孩子

作　　者：〔意〕玛丽亚·蒙台梭利 著
译　　者：刘　妍 编译
责任编辑：王　琳
封面设计：尚世视觉
责任印制：王卫东
出版发行：中国妇女出版社
地　　址：北京东城区史家胡同甲24号　　邮政编码：100010
电　　话：（010）65133160（发行部）　　65133161（邮购）
网　　址：www.womenbooks.com.cn
经　　销：各地新华书店
印　　刷：北京通州皇家印刷厂
开　　本：165×235　1/16
印　　张：12.5
字　　数：200千字
版　　次：2016年2月第1版
印　　次：2016年2月第1次
书　　号：ISBN 978-7-5127-1230-0
定　　价：26.00元

编者的话

玛丽亚·蒙台梭利博士是意大利第一位女医学博士，是20世纪享誉全世界的杰出幼儿教育家。1870年8月，玛丽亚·蒙台梭利在意大利安科纳地区的基亚拉瓦莱小镇出生。父亲是军人，母亲贤淑文静，博学多才。

蒙台梭利从小受到非常好的教育，虽然是独生女，但父母对她从不溺爱。幼年起她便自律自爱，独立，同情弱者。13岁时，蒙台梭利选择米开朗琪罗工科学校学习数学，这在当时的女孩子中是很少见的。而她从这所学校毕业时，是成绩最优秀的学生。后来她学习了现代语言与自然科学，此后对生物学产生兴趣，于1890年进入罗马大学学习生物学。在学习生物学期间，她又对医学产生了浓厚的兴趣，决定学医。由于当时保守的欧洲社会是没有女子学医的，她的决定不仅遭到父亲的反对，而且不被当时的教育体制所允许。但蒙台梭利凭着坚强的意志和不断的努力做到了，获准进入医学院。1896年，26岁的蒙台梭利获得罗马大学医学博士学位，成为意大利第一位女医学博士。也许由于她自己的选择从来都遵从于兴趣，才有她后来的“教育要根据孩子兴趣捕捉孩子的‘敏感期’”的理论。

毕业后的蒙台梭利成为罗马大学附属医院的一名精神科临床医生。由于当时残疾和智障儿童的治疗是在精神病院进行的，蒙台梭利的工作就是治疗这些儿童。蒙台梭利对这些孩子发自内心地同情，认为他们不该被关在这里，他们所受到的粗暴对待是导致他们智力下降的重要原因。她对智障儿童教育产生了浓厚的兴趣，决心去帮助他们。在长期的研究与实践中，蒙台梭利总结出：儿童的智力缺陷主要是教育问题，而不是医学问题。这一认识使她能够从一位成功的医生最终转变成一代伟大的教育家。因为她发现，智障儿童虽然比同龄孩子差，但与更小的孩子在智力和行为能力上有许多共同点，自己为特殊弱势儿童设计的教育方法一定也适用于正常儿童。

1907年，蒙台梭利在罗马圣罗伦斯区建立了第一个“儿童之家”，她特意选址在罗马最贫困的地区，招收3~6岁普通儿童，用自己独创的方法加以教育。结果是惊人的：那些贫寒家庭的儿童，经过她几年的教育，全部成为聪明活泼、举止优雅、自信自强的孩子，心智较之前有了巨大改变。她这套教学方法立刻轰动了意大利甚至欧洲其他国家。到20世纪40年代时，蒙台梭利学校已遍布世界各地，仅美国就有2000多所。

1952年5月6日，82岁的蒙台梭利在荷兰去世。她的传记被列入12位“帮助世界的人们”传记丛书。她曾3次获得诺贝尔和平奖提名。英国教育家称赞她为“20世纪赢得世界公认的推进科学和人类进步的最伟大科学家之一”。美国教育家称赞：“当前讨论学前教育问题，如果没有论及蒙台梭利教育体系，便不能算完全。”德国教育家这样评论她：“在教育史上，能像蒙台梭利教育法如此举世瞩目的并不多见。”虽然经过了近百年，但她的名字和她革命性的教育观却延续下来，并被越来越多的人所接受。

蒙台梭利提出儿童发育“敏感期”的观念，认为无论是行走、语言、绘画，或是音乐、数学，每个孩子都有一个敏感期，孩子在这一时期具有强烈的学习愿望，并且能轻松学会任何他们渴望学习的事情。捕捉到孩子的敏感期，对他们加以引导，就能取得事半功倍的效果。孩子没有到达敏感期，任何逼迫的学习都是徒劳的，而延误了时机，则会对儿童的发展造成障碍。

从出生到3岁，儿童会积极、专注且自发地吸收外界的一切印象。这期间的吸收，完全在一种无意识的状态下。也就是说，他们并不知道自己正在学习，他们吸收了周遭种种的习惯、风俗、生活习态等，并在他们的心中根深蒂固。这种特殊的精神状态，蒙台梭利称为“有吸收力的心灵”。

在3～6岁之间，儿童已发展出有意识的心智，可经由双手从外界环境中汲取经验。这时，儿童的感觉器官会变得十分敏感，透过感官所感觉到的事物，逐渐完成儿童的精神发展。因此，成人应该跟随孩子的兴趣去帮助他们学习，而不是强迫他们学习或是强行灌输知识。

到目前为止，蒙台梭利的著作已被翻译成20多种文字，在中国也有多种对蒙台梭利著作进行翻译、简写或改编的作品，但是按照儿童阶段发展进行编译的比较少，尤其是对学龄前儿童按年龄阶段进行编译的则更少。为了传播蒙台梭利的经典早教理念，我们将蒙台梭利的经典学术名著按照年龄阶段进行全新通俗化编译，策划出版了本套“蒙台梭利早教经典分段育”系列丛书。我们在忠于原著的基础上，对内容、结构进行了梳理，按照不同年龄段进行编译，这样做的目的是：

◎帮助读者根据自身情况更直接地获取相关知识；

◎减少阅读障碍，使读者享受轻松的阅读；

◎基于不同年龄，掌握蒙氏一系列有针对性的教学策略和方法。

本套丛书主要针对儿童早教，包括1~6岁六个年龄阶段，每个阶段的敏感期、学习的重点、教育的核心等皆不相同，据此，书中会给出蒙台梭利所倡导的不同教育策略和智慧。并且，在每本书的最后，我们还附上了根据蒙氏理论与中国儿童实际生活环境编写的早教游戏训练，旨在帮助读者将书中的理论更好地运用在实践当中。

读者既可以按照年龄阶段来进行阅读，也可按照问题进行阅读，这会减轻读者的阅读负担，节省时间和精力。但是，读者在阅读时需要注意，由于个体差异的关系，每个儿童的发展阶段并不能依年龄来强制划分。但前期的发展必为后期发展的基础，发展的过程是无法以跳跃的方式来进行的。这要求我们既需要有针对性的阅读，也需要对孩子和蒙氏教育有整体性的了解。

希望本书的内容可以对读者朋友的生活、学习或工作有所帮助，这将带给原作者及编译者最大的满足。在本书的编译过程中，得到了李好、李值、焦婷、刘斌、杨婷、刘绍勇、刘晨希的帮助，在此一并表示感谢！当然，本书肯定还会存在不少问题，再次恳请读者不吝赐教。

刘　妍

2015年冬

年龄段	整体特质	身心特征	兴趣和能力	心智能力
3～4岁	稳定的注意力	●协调肌肉运动 ●掌握平衡 ●手和脑共同配合 ●建立书写心理—运动冲动通道	●进入书写爆发期 ●书面语言和口头语言平行发展 ●认识数字的概念 ●区分大小、厚薄、长短 ●进行行走、投掷、上下楼梯、起立、跳跃等训练	●喜爱地图，借助观察地图获得更加直观的印象 ●把看到的东西进行形象化处理 ●对世界充满好奇，喜欢反复提问 ●容易将注意力投向熟悉的事物
4～5岁	内心的纪律感	●学习控制肌肉 ●处于试误阶段 ●经过经验积累，动作逐渐协调	●通过自觉“工作”发展纪律 ●安静训练 ●搬动物品训练 ●走直线训练 ●穿脱衣服、系扣子、系鞋带练习	●具有一定的服从能力 ●学会控制错误 ●不会自己判断事情的好坏、美丑、善恶，而是依据大人的标准进行判断
5～6岁	行动中的意志力	●肌肉协调运动 ●在工作中逐渐变得自律 ●动作能与音乐旋律协调	●进行学前能力培养 ●书写能力练习 ●阅读能力练习 ●运算能力练习 ●手工劳动能力练习	●在自由交往中训练意志力 ●有规律的活动逐渐增加 ●意志力增强，学会平衡冲动与抑制 ●学习自己行动、自己做决定、自己思考

续表

年龄段	环境	生活	教育建议
3～4岁	●需要自由活动的场所 ●为孩子准备能培养主观能动性的物品 ●向孩子提供可以引发他们关注颜色、形状、声音、触觉的物品	●注重个人形象和仪表 ●作息规律	●提供适当的训练材料 ●学习要与实际经历相结合 ●教育孩子时语言简洁、清晰、明确
4～5岁	●生活环境要有趣 ●缺少创造性活动会阻碍孩子充分的发展 ●多接触现实，体验和理解环境，能帮助孩子摆脱紊乱状态	●为孩子提供的东西只有一个，让他们学会等待 ●不要给孩子提供过剩的物品 ●不要娇生惯养	●厌食、贪食、噩梦、怕黑等表现可能是由心理问题导致的 ●奖励和惩罚对孩子都是无效的 ●孩子开始做事情时，不要打断
5～6岁	●物品摆放整齐美观，易于取用 ●工作的房间要简洁、舒适，便于孩子自己打扫	●拥有自己的柜子、桌子、椅子等物品，也与他人分享一些物品 ●自己搞个人卫生 ●不光完成自己的事情，还能主动帮助他人	●当孩子遇到困难时，不直接告诉孩子如何做，让孩子自己想办法 ●让孩子接触重大工作 ●应尽可能多的与孩子相处，多让孩子参与家庭生活

目　录

MONTESSORI BRINGING UP

YOUR 6 YEARS OLD

CHILD

第4章　儿童想象力的培养

第5章　学会爱你的6岁孩子

附　录

第1章

儿童在工作中成长

MONTESSORI BRINGING UP

YOUR 6 YEARS OLD

CHILD

儿童具有工作的本能，是人类存在的重要特征。

·1·

渴望工作是儿童的本能

儿童具有工作的本能

儿童渴望工作，这是他们生命本能的一种体现。只有在工作中，他们才能塑造自己的个性。人都是在工作中成长和发展的，不管是他人的关心爱护还是自身的身体健康，都无法取代工作的价值。不过，一旦这种工作偏离了本来正常的状况，就很难进行补救，即使有榜样或是对其进行惩罚，也很难奏效。人在双手的劳动中创造自我，手是每个人个性的体现方式，人们通过手来表达情感，体现智慧，帮助自己征服环境。

儿童具有工作的本能，由此我们可以看出工作是人类的本能，是人类存在的重要特征。工作能带给人们幸福，能让人们保持健康，还能帮助儿童恢复正常状态。但是，为什么成人不愿一直工作，并把工作视为只能带来不愉快的东西呢？这可能是由于我们的社会对工作缺乏正确动机。其实，人的工作本能具有深刻的含义，它一直作为一种内化了的特征深藏于人们的心中，并被人们的占有欲、权力欲、冷漠和依附等引入歧途。在这种情况下，工作成为强制性的劳动，反过来成为人们的心理障碍。工作只能依靠外部环境，或成为那些没有真正认识工作的人互相竞争的工具。这就是人们认为工作是困难的、令人讨厌的原因。

但是，当人们处于适当的环境中，工作就会以一种内在动力的形式自然而然地表现出来，即使是成人也会出现与上述情况完全不同的表现。这时，人们会沉溺于工作而不可自拔，并实现自我超越。我们可以通过观察发明家的勤奋研究、探险家的艰辛探索和美术家的忘我创作发现这一现象。当一个人处于工作的激情中时，他将拥有非凡的能量，并重新体验、展现自己独特的天赋本能。这种热爱工作的本能就像喷薄而出的激流，能让人类的面貌焕然一新。这是促进人类文明发展的真正动力，因为人类具有一种天赋的工作本能，并能通过工作改善自己的生存环境。工作是人类的特性，能促进人类文明的进步，使人类的生存环境变得更加轻松、舒适。

只拥有丰富的知识，却没有专注于工作的能力，是发明不出任何东西的。

·2·

培养孩子专注工作的能力

儿童的成长与发展，有赖于他们不断拉近自己与环境之间的距离。因为只有不再依赖于成人，儿童自己的个性才能得以真正的发展，他们才能获得我们所说的那种“自由”。只有在适宜的环境中，儿童才能找到有助于发展自身功能的工具，这样才会有益于儿童的成长。就像断奶的孩子不再需要母乳一样，他们不再需要从母亲那里汲取营养，要吃谷类的食物，要从外界的环境中吸收养分。

没有能使儿童独立成长的环境，他们就无法自由地成长。

那么，怎样才能创造这种环境呢？其实这跟怎样正确喂养儿童一样，需要认真地思考和研究。不过，儿童已经勾画出一个新的教育体系的基本轮廓，让成人能够遵循着去进行实践，从而正确地满足儿童的心理需要。

引导儿童的3个阶段

老师对孩子进行的引导要分3个阶段：

第一个阶段：老师是孩子学习环境的管理者和维护者。老师要专心做好这两方面的工作，至于孩子遇到的困难不必太过在意，要相信当孩子身处适合他们成长发展的环境时，环境会促使其改变。教具要摆放整齐，要保持美观、干净且完整，可以随时取用。老师身为教学资源的一部分，也要保持足够的吸引力，要年轻积极、整洁端庄、衣着得体，还要常常保持愉快的心情与亲切和蔼的态度。老师要随时保持完美的形象非常不容易，但最低限度是，老师要记得自己所面对的每一个孩子都是不可忽视的大人物，必须要尊重、理解、热爱他们。

第二个阶段：老师要引导那些还没有进入正轨的孩子。他们无法集中注意力，无法专注于做任何事情。对于这样的孩子，老师要循循善诱，并且使用各种方法和技巧来抓住孩子的注意力。刚开始时，可以给孩子做一些他既不很喜欢但也不讨厌的工作，孩子可能会有一点儿不高兴，因为他散漫的心思被老师制止了。对于那些不断打扰别人做练习的孩子而言，要尽快阻止他，没必要让他完成整个练习。

第三个阶段：让孩子对日常生活工作感兴趣，然后让他进行自己感兴趣的工作，老师这时就要退出，绝对不可以打扰孩子的活动。但老师有时会在不经意间做出打扰孩子的事情，例如，对于原来很调皮，现在能专注于工作的孩子，老师可能会忍不住过去称赞一声“很好”。这种善意的赞美就会造成破坏，孩子有可能因此几个星期不再碰这个工作。当孩子遇到困难时，老师不要直接告诉孩子如何解决问题，否则只会让孩子失去解决问题的兴趣。一个提着重物的孩子并不希望老师来帮助他，哪怕是老师过度的关注也会让他停下手上的工作。只要孩子在专注地工作，老师就没有必要去理会孩子，更不要让孩子感觉到老师在关注自己。就算有两个孩子正在争抢一件东西，老师也不要去干涉，让孩子们自己解决问题，除非他们过来找老师帮忙。当孩子已经很熟练地掌握了一项练习之后，给他们安排新的练习项目就是老师需要做的工作了。孩子将自己认真工作后取得的成果兴高采烈地展示给老师看时，老师要真诚地、发自内心地称赞孩子，与孩子一同感受成功的喜悦。

我们学校的老师不用做给孩子穿衣、喂饭等保姆要做的工作，这些事情都由孩子自己完成。老师要做的是，帮助孩子学会自己行动、自己做决定、自己思考。孩子做到了独立自主，就是老师最值得高兴和骄傲的事情，老师就会对孩子更有信心。这才是孩子最真实的状态：一个精力充沛、全心全力的工作者，懂得尊重他人，热心帮助他人。

观察到孩子注意力的所在

要能够观察到孩子注意力的所在。当孩子全神贯注地工作时，一定要尊重孩子，不要在一旁纠正或者情不自禁地赞美，这对孩子而言是一种打扰。但有的老师会对这个原则有一点儿误解，他们将教具发到孩子手中后就不管不顾，不管发生了什么事情都不关心。这样只会造成一个结果，那就是孩子吵闹捣乱，毫无课堂秩序。我们给予孩子最大程度的自由，不打扰他们练习，尊重他们的活动，这需要孩子的心智有一定的成熟度之后才能得以实施。换句话说，这需要孩子具备一定的自我专注能力，能够专注于、沉浸在某件事情当中。如果孩子调皮捣蛋，胡乱发泄自己的旺盛精力，老师却不加管束，就失去了意义。

我就曾经见过这种场景，班级里所有的孩子都在用错误的方法操作教具，课堂秩序混乱不堪，老师却只是在教室里走来走去，没有说一句话。我就跟那位老师说，与其这样，还不如让孩子到教室外面去。他便走到一个孩子的身边悄悄地说话。我好奇地问他：“你在做什么？”他回答我：“我小声地说话，才不会打扰到他嘛！”这位老师的教育方式犯了非常严重的错误，他无法建立良好的秩序，又不敢去干扰孩子的失控状态。

曾有位老师问过我这样的问题：“你要求我们用尊重一位科学家或艺术家的心态去尊重每一个正在专注地进行工作的孩子。但是你又说，当孩子把教具当玩具玩时，作为老师就要介入其中及时制止。”

“是的，”我这样回答他，“我对孩子专注于工作的尊重程度，就像尊重一位艺术家正沉浸于他的灵感一样。如果我到了一位艺术家朋友的工作室，发现他正在抽烟、聊天，我当然可以打扰他，还会跟他打招呼：‘嗨，朋友！最近在忙些什么？’但如果他正在专注于他的工作，那我就要静静待在一旁，直到他完成工作。对待孩子也是如此。”

TIPS：

蒙台梭利教学法所指的尊重，不是连孩子的缺失与胡闹都一起包容。尊重必须在以下基本原则都满足的情况下才能得以真正实现：

- 能够观察出孩子的体能情况；
- 鼓励孩子进行对其身心有益的活动，消除不好的行为，因为这些不好的行为只会让孩子的精力用错地方，甚至对自己造成伤害。

不仅老师要记得这些原则，母亲也同样要谨记才行。

老师当然可以不断地提醒孩子，也可以严厉地纠正孩子的错误。但一位真正合格的老师，是不会用这种强迫的方式来纠正孩子的错误，并引导他们朝正确的方向前进的。一位合格的老师，会认真并持续地观察孩子的一举一动，时刻留心孩子的各种状况，科学谨慎地安排教学顺序和学习环境。与严厉的命令相比，这些方法要简单得多。方法虽然简单，但所付出的辛苦却要更多，还需要老师的爱心和敏锐的观察力。

老师要像把自己的家布置得温馨整洁一样布置孩子的学习环境。只是这样当然还不够，老师还需要了解孩子的一举一动，更要担负起教育孩子的责任。孩子能否走上正轨，是否有所成就，就要看老师是否具有细致入微的观察力。老师要用心去做，才能达到效果。

一个很小的错误就会造成严重的后果。假设在一个刚刚装修好的房子里，房客用洗脸盆当炭盘使用，他们就没有办法进行梳洗，房子和家具也会因此变得肮脏不堪。像这些人不懂得如何合理使用现在的工具这样一个小小的错误，就造成了他们只得生活在脏乱的环境中。

一个老师是否具有相应的能力，要取决于他是不是会谨慎地运用蒙台梭利教育方法的基本原则。一旦认同了蒙台梭利的教育法，就能从中发现一些克服教学小困难的方法和心得，只要掌握了这些就能达到很好的教学效果。虽然懂得了如何克服小困难和小失误，也不一定能达到完美的效果，但是那种依靠自己的能力克服困难的满足感具有令人振奋的力量，进而激励自己不断前进。正是这样的力量，使得我们的老师在遇到困难时无所畏惧。

一个真正合格的老师就是要做到，帮助孩子摆脱自己的缺点，但又不让孩子感觉到自己的不足。

纠正孩子的错误

孩子犯了小错误，家长和老师只需要在一边静静观察，不要过多干涉，孩子自己会从错误中吸取教训。这就好像孩子听到了那小东西在跟他说：“我是刚刚制作好的小瓷器，不要弄脏我，更不要把我弄伤哦。”这样，孩子的动作自然会变得小心谨慎。良好的环境和美好的物品本身就可以唤起孩子对周围事物的爱护，因此孩子用的东西最好是能吸引他们的，例如，色彩丰富的抹布，颜色亮丽的刷子，各种形状的肥皂。这些东西都会让孩子感兴趣，孩子会很愿意去摸摸它们，自然也会想知道这些东西是做什么用的。孩子被色彩丰富的抹布吸引，就会知道这是用来擦桌子的。同样，看到颜色亮丽的刷子，就会知道这是用来刷衣服的；看到形状各异的肥皂，就会知道这是用来洗手的。这样一来，孩子的身边到处都是自己感兴趣的东西，他们会非常愿意使用这些东西。老师再也不需要整天盯着孩子“把衣服刷一刷”或者“把手洗一洗”，孩子自然而然就愿意做这些事情。自己系鞋带、自己穿衣服、自己洗手，在这些过程中孩子充满了喜悦和成就感，感受到了因独立自主而获得的人格尊严。

孩子在工作时是快乐的，就会让他们在做每件事情时都充满热情。所以，他们在擦门把手的时候会用很长时间，而且会把门把手擦得像镜子一样光亮。就算是很简单的工作，孩子也会很认真、很细心地完成。事实上，孩子在意的并不是工作的完成，而是工作能够运用潜藏在其体内的精力。因此，孩子专心于一件事情上的时间，完全是由他们的精力决定的。

孩子并不是天生就喜欢重复做同一件事情，只是在重复工作的过程中，孩子能更熟练地掌握技能。我们曾经看到过，很小的孩子自己穿衣服、脱衣服、扣扣子、系鞋带等，还能将碗筷摆放得很整齐，甚至还会帮忙洗餐具。孩子旺盛的精力使得他们不仅自己学会做很多事情，还能帮助小一些的孩子做事情。我就看到过一个大一点儿的孩子帮小一点儿的孩子系围兜；一个小一点儿的孩子不小心打翻了汤碗，另一个大一些的孩子会帮忙把地擦干净。

孩子在洗碗的时候，不只是洗自己的碗，还会把其他脏碗洗干净；在摆放碗筷的时候，不仅摆放自己的碗筷，还把其他人的碗筷摆放好。而且在帮忙做这些事情时，孩子并不认为因此应该有所奖励。对一个热心肠的孩子而言，帮助别人做事情本身就是一种奖励。一个小女孩安静地坐在摆满热汤的桌子面前，神情忧郁。我上前询问得知，原来是她答应帮别人摆放碗筷，可却忘记了。因此，小女孩难受得连汤也喝不下，她的心灵受到了伤害，竟然连饿着肚子都毫不在乎。

孩子能够自己动手做事情，那么他们的外在社会行为也会得到发展，他们很清楚自己的目标，且会很容易达成。真正的学习兴趣需要有深厚的基础，孩子用自己的方式做事情，就是在满足自己的发展需求和驱动力。孩子有可能会洗很多次手，并不是他的手很脏，而是看到手就会联想到与手有关的活动，比如洗手、扫地、摆放碗筷等工作，这些都是让他的肢体得以活动的合理工作。相信任何一个做过家务的人都知道，看似简单的家务工作其实需要花很多力气才能完成。现在很多人都在提体操和身体运用的重要性，却忽略了家务这项虽然不是一般的机械运动，但可以达到很好效果的合理工作。

当人们来参观“儿童之家”，看到孩子乐意去做日常生活练习时，都会表现出惊讶之情。事实上，让孩子做这些日常生活练习并不是最重要的，这只是一个开头，是孩子的童年生活中最不重要的事情。

培养孩子专注工作的能力

专注思考、脱离现实是思想家和科学家留给很多人的印象。

很多人都知道，牛顿思考得忘记吃饭，阿基米德由于专注思考数学计算而意识不到锡拉库萨已经被征服，直到敌人到他面前才被吓到。这些名人逸事凸显了这样一个特质，那就是比思考还要重要的特质——专注。只拥有丰富的知识，却没有专注于工作的能力，是发明不出任何东西的。

一般情况下，孩子会尽量做与身边的人一样的事情，但是孩子也有不一样的内在需求。当孩子专注于自己的工作时，就必须和周围的所有人、所有事都隔离开来。孩子就是在这个被独立出来的秘密世界中获得了一种独特体验，这种体验只能是自己去感受。如果孩子受到干扰，这种特别的感觉和体验就会消失。我们从外部世界获得的思想，必须依靠内心的精神培养，因此需要我们安心独处。

许多伟大的人能够在工作时沉陷其中，思考入定，正是因为他们拥有了一种内在的精神力量。我们还发现，劳动和精神的专注之间有很紧密的联系，两者相辅相成，相互依赖。内在精神为人们的日常生活提供能量，同时日常生活也给一般的劳动提供脑部的思考源泉，体力上的消耗会因内在精神支持而得以补充。一个真正了解自己的人，会像对待吃饭、睡觉等生理反应一样，十分重视自己的内心精神需求，并尽量满足精神需求。忽视了内在的精神需求，就像不在乎身体的饥饿和疲惫一样危险。

孩子身上都拥有这种思考的能力，这种发自内在的专注能力。很显然，这种专注的能力是一种普通的人性特质，并不是某些智慧非凡的人才具备的能力。但是，这种能力在人长大之后只有小部分的人还保有。

因此，要想让孩子保持专注的能力，就不能只进行我们认为对孩子有用的练习。其实，很多东西看起来没什么用处，可对孩子会产生很强的吸引力。孩子会被这些东西迷住，并想方设法进行操作。刚开始时，孩子操作起来并不是很有条理，常常会把刚玩的东西弄乱，然后又重新玩起来。虽然看起来孩子玩得并不是很起劲，但是我们却是在见证一个极为特别的现象。当我第一次发现这一现象时，顿时惊呆了，那些原来被视为真理的心理学理论刹时间全部被否定。我甚至不敢相信这是真的！我看到的事情是真实发生的吗？因为人们都一直认为——我原来也是这样认为——孩子根本无法长时间专注于一件事情。但是，我看到的是，一个4岁的小女孩专注地将一个个大小不同的圆柱体插入插孔中。当她将圆柱体正确地放入插孔后，会把所有的圆柱体再倒出来，然后再次将圆柱体一个一个放回插孔里，不断重复。我当时坐在旁边给其他小朋友念故事。当小女孩重复了第十四遍之后，我坐到钢琴前让小朋友们一起来唱歌。可是这个小女孩并没有停下圆柱体插孔练习，甚至连头都没有抬一下，根本就没有注意到周围事情的发生。当小女孩停下手，从地上站起来时，她的眼睛闪烁着光芒，脸上带着微笑，很满足的样子。

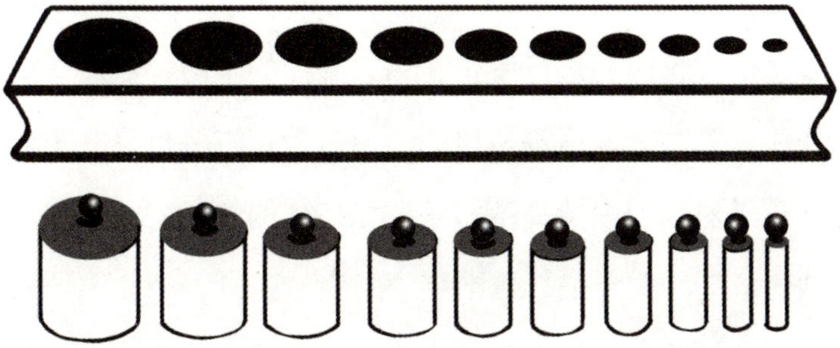

之后，我又观察到好几次这样的行为。我看到，当孩子完成一项非常有趣的练习之后，他们表现得非常满足和愉悦。这一过程就像开启了孩子潜能的一条大道，将孩子所有好的一面和潜能都展现和激发出来。孩子对待每个人都十分友善，乐于帮助他人。有一个孩子悄悄地走到老师身边，小声地说道："老师，我是一个好人哦！"他就像要告诉别人一个大秘密似的。

这样的观察对我帮助很大，而且也得到了很多学者的肯定和赞同。我非常重视在孩子身上发生的所有事情，并奉为原则，也正因为如此我才能够解决教育的难题。所以，我一直在找能够吸引孩子注意力，并让他们专注的物品，然后精心布置一个最能够帮助孩子的最佳外在环境。

借由孩子内在的力量

所有的教育方法都应秉承一个原则和理念，那就是要抓住孩子专注的宝贵时刻进行发音、写、阅读的学习，更进一步就是进行语法、算数、外语等科目的学习。教育方法也只有一个，那就是让孩子对学习保持高度的兴趣和持久的注意力。因此，教育要做到的事情只有一个，借由孩子内在的力量，来让孩子进行自我学习。能做到吗？答案是肯定的，而且是必需的。为了培养起孩子的专注能力，我们要慢慢地激发孩子的注意力。刚开始时，最好选择好辨识的，而且能吸引孩子注意力的物件，例如大小不同、颜色各异的各种圆柱体，发出不同声音的乐钟或者教具等。然后，我们才开始进行字母、写字、阅读、语法、算数等比较复杂的练习，孩子的知识正是通过这种渐进的方式递增累加的。

因此，老师的教学工作是十分困难且微妙的。孩子是找到自我学习和自我成长的道路，还是在成长的道路上遭遇阻碍，都由老师来决定。一个新上任的老师，最难理解和做到的事情就是，他必须要在孩子学习的过程中克制自己，不要进行没有必要的教学，就算是最开始的阶段也不能教孩子。一个合格的老师懂得，要相信孩子，要对孩子有足够的信心，在孩子进行练习时绝不能干扰他们，不能影响孩子自我成长和自律的形成。当然，有的老师还是忍不住要去教孩子，去纠正或者鼓励孩子，并在孩子面前显示自己丰富的知识和文化素养。但是，老师必须抑制住自己的虚荣心，不然无法达到良好的教育效果。

一个对教育不甚了解的老师，一定要加强自身的学习和培训。老师要有计划地为孩子提供一个适应其成长的环境，准备一些有针对性、对教学目的有帮助的教具，并引导孩子学习日常生活工作。老师必须认真观察孩子的一举一动，知道哪个孩子的发展方向对了，哪个孩子出现了错误，并且冷静沉着地应对，静静守在孩子身边，当他们需要帮助的时候能随时给孩子爱和信心。

老师要有为全人类做出贡献的精神，就像守护炉火的维斯塔女神那样，不让小火苗受半点儿污染，更不能让小火苗熄灭。老师必须将自己贡献给教育事业，要守护好孩子内在的心灵小火花。如果没有守护好孩子心灵的小火花，忽视它、轻视它，这个微弱的小火花很可能就会熄灭，并且永远都无法再点燃。

每一个儿童身上都体现着令人惊奇的创造力，这些创造的奇迹每天都在他们身上发生着。

·3·

了解儿童的工作性质

成人和儿童的生活方式有所不同，所以在工作的问题上就产生了差异，形成了两种不同的工作类型。

在生活中，成人要承担高强度、复杂的工作，让他们为了满足儿童的需要、配合儿童的节奏和思维方式而暂停自己的工作，是很困难的。而另一方面，成人的世界趋于复杂化，生活节奏日益加快，儿童也无法适应这样的成人世界。像这样，成人的“文明”社会与儿童的“原始”社会形成了强烈的对比。在“原始”社会，儿童可以找到一个天然的避难所。在那里人们过着简单、宁静的生活，儿童接触的成人也简单、宁静地进行着简单的劳动，他们可以自由地抚摸家里饲养的牲畜和其他物品，可以自由地进行自己的工作，而不会受到阻碍。当感到疲劳时，他们随时可以躺在大树下休息。

但是，随着文明的发展，自然环境逐渐远离了儿童。整个社会都变得有序、高效起来，所有的一切都被加以限制。节奏紧张的成人生活成为儿童的障碍，机器的发明也如旋风一般卷走了儿童最后的避难所。儿童无法再进行他们本来应该进行的自然活动。人们为了使儿童免于陷入危险而为他们提供过度帮助的情况正愈演愈烈，这只会给儿童带来更多的伤害。如今，儿童就像一个游离在世界之外、孤独无助、毫无自由的人，没有人愿意为他们创建适合的环境，也没有人愿意考虑他们的工作需要和活动需要。

成人的工作

成人有自己要完成的任务，就是创造超自然的环境，这必须要通过努力工作才能实现。这种努力不但包括行为上的努力，也包括心智上的努力。工作是一种具有社会性和集体性的劳动，这是公认的观点。

从事工作时，人们应该遵守有组织的社会规范。为了达到共同的目的，人们自愿地遵循着一定的规律，其中包括不同的地域和文化所形成的不同的社会规律。同时，人们还要遵守一些从属于工作本质的规律。这种规律对于所有的时代、所有的人都是适用的。

劳动分工的规律在所有生物的工作中都可以发现。对于人类来说，它也是必不可少的，因为人们不可能只生产同样的东西。

效益规律与每个人的工作密切相关，它充分体现着人们希望付出最少的劳动而获取最大成果的愿望。这条规律极为重要，它并不是说人们想逃避工作，而是体现了人们提高效率、增加收益的心理愿望。而人类使用劳动工具和机器来帮助自己，也是在这条规律的作用下发展起来的。

有些规律可能并不适用于所有的情况，但是它们仍然具有重要的影响作用。人们都觉得自己拥有的物质财富十分有限，都想变得更加富有，所以就会产生跟别人竞争的心理。野蛮的动物也会为了生存而彼此斗争，这跟人们的竞争心态是相似的。

当人们的心理产生不正常的变化，就会导致冲突的出现。人们对财产的欲望就是其中的一种。这里所说的对财产的欲望，专指与个人或整个物种的生存毫无关系的财产的占有。这种对财产的欲望不是人与生俱来的，可它却会像一个永远也填不满的无底洞一样无法被满足。占有欲也是人的一种心理畸变，它会使仇恨取代人与人之间的关爱。

生活在成人之中的儿童也是自然人。他们发现自己正处于一种无法融入的环境里，他们看起来跟成人的社会生活没有什么关系，他们的活动也跟成人的社会生产没有什么联系。儿童无法像成人那样进行社会生产劳动，这是一个不可否认的事实。如果把成人的体力劳动具体化为工人用沉甸甸的锤子敲打铁砧，儿童显然是不能进行这种劳动的。如果把脑力劳动具体化为进行科学研究的科学家在操纵复杂精密的仪器，或是法律工作者拟定新的法律条款等，儿童同样也是无法胜任的。

成人建立了属于成人的有组织的世界，这是一种与儿童不相关的社会，它与儿童的世界有很大的不同。儿童对成人的世界感到陌生，他们不能适应成人的社会，既不能参与贡献社会的生产劳动，也不能对社会体系产生影响。他们无法融入成人的社会生活，相反只会打扰这个社会的秩序。他们只要出现在成人的周围，就会打扰成人的安宁，就算在家里也是这样。好动是儿童的天性，他们总是不停地动来动去，这使他们更加无法适应成人的社会。

成人有一种压制儿童活动的倾向，他们不愿意儿童打扰他们，或给他们带来烦恼，所以努力使儿童变得听话和安静。儿童被成人送到托儿所和学校里，就像被成人流放了一样。儿童要完全听从成人的指示，不能提出异议或反抗。当他们长大不会再惹麻烦的时候，社会才会真正接纳他们。

儿童是一无所有地降生到世上的，他们处于成人的控制之下，必须从成人那里获取必需的生活物品。在儿童面前，成人就像伟大的上帝一样拥有强大的力量，他们是儿童的创造者、统治者、监护人和恩人。任何一种关系都不会像儿童对成人这样拥有这么强的依赖性。

儿童的工作

虽然儿童不能从事成人的工作，可他们也是工作者和生产者，他们有自己的任务，他们也会面对困难，因为他们要完成自我的塑造。新生儿弱小而缺乏力量，行动也不方便，可他们终会长大成人。而每个在生活的历练中变得充满智慧的成人，也都曾是儿童。

儿童经过长时间的努力，长大成人，而成人却不能再进行像自我塑造这样的创造性工作。儿童被成人排除在他们超自然的世界之外，同时更加明显的是，成人也被排除在儿童的世界之外。儿童的工作明显地不同于成人的工作，从某种程度上说甚至是相反的。儿童的工作体现于儿童的心理发展过程，呈现出一种无意识的特点，它具有一定的创造性。《圣经》中有一段关于上帝造人的描述。人是怎样被造出来的呢？原本一无所有的人，是怎样获得智慧和力量的呢？每一个儿童身上都体现着这种令人惊奇的创造的点点滴滴，这些创造的奇迹每天都在他们身上发生着。

因此，整个人类形成时所发生的奇迹，都存在于每一个新生儿发育和成长的过程中，可以说："儿童是成人之父。"成人种种的力量都源自儿童所要完成的某种秘密使命。儿童是真正的工作者。仅在休息和思考的过程中就长大成人是不可能的，他们必须不断地、积极地从事工作，并不断地在工作中进行创造。值得注意的是，儿童的工作环境跟成人使用和改造的环境是相同的，儿童要在这样的外界环境中历练和成长，他们需要进行真正的创造性的工作。

练习和运动是儿童成长中必不可少的要素。在成长的环境中，儿童不断协调自己的行动，积淀自己的情感，发展自己的智力。特别是，儿童努力地学习怎样说话，站立和奔跑也是他们勤奋练习的目标。每个儿童都有自己的发展规律和计划，成长中的儿童会像认真的学生一样遵循它，这就像恒星运行在自己的轨道上一样。于是，我们可以大致预测儿童每一个发育阶段的身高状况，还可以预测儿童在5岁时的智力水平和8岁时所能达到的智力水平。因为儿童遵循大自然为他们制订的成长计划，因此我们才能预测儿童10岁时的情况。在不断努力、克服困难、战胜痛苦、经历考验后，儿童会渐渐地发展完善、成熟。儿童是靠自己的努力成长起来的，成人的影响只能作用于外界环境。儿童那种为达到目标而不断向前冲的精神和热情，是值得每个想完善自己的成人学习的。

成人跟儿童是相互联系的。在儿童的世界中，成人是儿童的后辈，他们依赖着儿童；而在成人主导的社会中，儿童是成人的子孙和依赖者。成人和儿童是不同世界的主人，他们都有自己的王国，都是自己王国的统治者。

儿童工作和成人工作的不同之处

我们必须了解儿童工作的性质，这是十分重要的。儿童工作的时候，并没有抱有某种特殊的目的，因为工作本身就是他们的目的。儿童总是充满了活力，他们不断地重复一项活动，并不是为了达到一个外在的目标，他们停止工作也不是因为劳累。

可以看出，儿童和成人在工作的自然规律方面存在根本性的差异。儿童与成人相反，并不遵循效益法则。

尽管儿童不是为了外在目的而行动的，却能够将大量的精力投入到工作中，而且会为了做好每个细节而发挥自己的各项潜能。外在的目的和行为在偶然的情况下才会体现出重要性，而环境和儿童内心世界的完善之间却存在着重要的联系。心灵获得升华的人不会被外界的事物所诱惑，他只在合适的时候才会利用外界的条件来完善自己的内心世界。相应的，有一种人却会迷恋那些外在的目标，甚至为了追求它们可以付出任何代价，即使损害健康或丢掉性命也甘愿。

成人的工作和儿童的工作之间还有一个明显的区别，儿童在自己的工作中并不企图获利或寻求帮助。儿童要靠自己进行工作，而且也必须靠自己完成工作。儿童自我成长的重任是要他们自己承担的，没有人能够替代。儿童也不可能让自己加速发展。生长发育中的生物都要按照一定的规律发展，既不能拖延也不能刻意加速，这是生物发展的特征。大自然的规律是严格的，如果有谁违反了规律，出现非正常的“滞后”发展，他就要受到惩罚。

儿童工作的动力跟成人不一样。成人的行动总会有外在的目的，为了这个目的，他们可以付出辛勤努力，甚至做出巨大的牺牲。而要完成这个使命，人们就必须重新获得他们曾在童年时期拥有过的那种勇气和力量。

另一方面，儿童不会因为工作劳累而感到疲倦。工作能使他们获得力量，并可促进他们成长。儿童愿意用自己的力量完成自己的使命，却从不要求减负。他们必须工作，他们的生存和发展依赖于自己所做的工作，因为没有了工作，他们将会死亡。

不了解这个秘密，成人就永远无法深入地了解儿童工作的重要性，而且可能会在儿童的工作中制造种种障碍。他们会觉得休息是对儿童成长更有益的事情，不让儿童自己动手，而为他们安排好每一件事情。成人希望能够用相对少的时间和精力去完成一件事。他们因为自己经验丰富、做事熟练而去帮孩子洗手、穿衣，抱着孩子或用小推车推着他们到处走动，自己整理孩子的房间而不让孩子动手。

当成人给儿童提供一定的活动空间时，儿童就会马上提出要求："我要做这个！"而我们的学校就为儿童创造了一个他们需要的环境，儿童发出表达他们内在需要的声音：“让我自己做，这是对我的一种帮助。”

这看起来似乎是一种矛盾，而背后却隐藏着一个深刻的真理。成人应该用儿童需要的方式去帮助他们，让他们可以进行属于自己的工作。这体现了儿童发展的需要，而且还表明真正适合儿童的环境是一个生机勃勃的环境。它不是为了让儿童去征服或者享受，而是一个帮助儿童更好地迈向工作的通道。当然，只有了解了儿童的内在需要，才能为他们创造这样的环境条件。总之，我们的教育理念是，既不能为儿童包办所有事情，也不能让他们处于消极被动的环境中。

那么，仅仅给儿童一些大小适合他们身材的用品是不够的，成人应该接受一定的训练，了解怎样做才能真正有助于孩子们的成长。

“儿童的劳动”是内心的思想劳动，不可逃避。

·4·

儿童通过工作发展自己

儿童的成长是一项伟大的工程，他们的身体必须从外部环境中获得新鲜空气和食物，精神也必须从外部环境中吸收所需的养料。不能否认，身体的成长的确是项伟大的工程。骨骼的坚固、身体的发育、大脑结构的完善，以及牙齿的萌出和形成都是身体进行的“劳动”，同时也是身体的各个器官在发育期间必须要完成的任务。

器官的“劳动”与我们通常所说的劳动是不太一样的。我们通常所说的劳动可以从学校学习到，也可以通过自己的智力创造和利用周围的环境完成。说这些器官只是在“劳动”也不完全正确。在重要的成长发育阶段，器官能够执行一些外部的任务，还能完成程度很高、难度很大的任务，甚至超过一个人的承受能力。例如，过度劳累能让人精疲力竭直至枯竭而亡。

外部劳动他人可以替代，可是人内心的思想劳动则必须自己完成。除了生与死人类无法逃避，内心的思想劳动同样无法逃避。这种艰难的、不可逃避的劳动就是“儿童的劳动”。

我们让孩子多休息，就是让孩子通过这一方式进行思想劳动。也就是说，孩子不需要把精力都放在看得见、摸得着且依靠他们单薄的力量也做不出太大贡献的外部劳动上。所以，孩子在休息时不是真正意义上的休息，而是在进行一项神秘的劳动，以达到自我建构的目的。孩子正是通过这样的“劳动”使自己长成大人，因为仅仅是长高长大是不够的，要想真正长大，就要具备运动神经系统和感觉功能，智力的成长发育也需要发展到一定程度才行。

儿童成长需要具备两种功能

孩子成长需要具备的功能分为两种：一是运动神经系统功能。这项功能可以让孩子拥有平衡能力，学会走路和协调肢体动作。二是感觉功能。这项功能可以让孩子感受周围的环境，并通过对环境的观察、对比和分析，为自己的智力成长与发展打好基础。孩子在熟悉了周围环境之后就能发展自己的智力，并开始开发、使用自己的语言能力。语言不仅仅是发音这一方面，还有因此产生的发音动作，这就涉及运动神经问题。另外，语言还包括理解语法、名称、句子的构成等内容。

打个比方，一个刚刚移居到新国度的人，他不了解这个国家的自然环境、风土人情和文化，也不会使用这个国家的语言。那么他要想在这个国家生活下去，与这个国家的人民相处，就要先去做大量工作来适应这个国家。这个适应过程只能是他自己完成，自己去认识、理解、观察和分析这个新环境，没有任何人能替代。与此同时，他还要努力学习和长期训练，使自己能掌握这个国家的语言。

对于刚来到这个世界的孩子来说，他们就像“移居者”，需要面对的一切都是那样复杂和陌生。而他们的身体和各个器官都还未发育成熟，却要让自己在很短时间内适应这个复杂、陌生的世界。到目前为止，人们还没有找到合理、科学的方式来帮助孩子完成这项艰难的任务。我们面对孩子这个阶段的精神发展，好像又回到了只能任其发展、顺其自然的状态。必须要改变这种情况，我们要找到科学、合理的方式方法帮助孩子适应这种“内部劳动”，这与“外部劳动”有非常大的区别。

这就是我的婴幼儿教育方法的根本目标，因此我所提出的某些教育理念和教育方法并不是通用的，只是针对3～7岁的孩子，满足这个阶段孩子的身体成长、性格形成的教育需求。我相信我的教育方法无论是内容，还是所要达到的目标，都是科学、合理的。这些方法能指导孩子取得更好、更高层次的发展，而不只是停留在满足物质和生理方面的需求。

提供自由的活动空间

“儿童之家”可以给孩子提供一个自由发展的活动空间。每个学校都没有固定的模式，而是根据自己所拥有的资金和所能对给孩子提供的内容进行合理设置。

“儿童之家”是真正意义上的“家”，它拥有一些房间和一个花园，孩子是这个“家”真正的主人。孩子可以在花园里玩耍或休憩，当然最好是有遮蔽物的花园，这样无论下大雨还是大太阳，孩子都可以一整天在户外生活，甚至可以将桌子和椅子拿到外面，在户外进行工作、学习或吃饭。“儿童之家”所设置的房间是孩子进行“脑力劳动”的场所，也是孩子能够自由支配的房间。根据学校的具体情况，也可以在主室周围设立一些小房间，例如小餐厅、小浴室、小客厅、小健身房或者一个休息室、一个手工劳作间等。

无论是什么用途的房间，其内部的设施一定要适合孩子，而不是成人。房间内的设施不仅要包括帮助孩子进行智力开发的教学用具，还应该具备一个小型家庭需要的所有东西：所配置的家具要很轻，可以让孩子挪来挪去；桌布等织物要便于清洗，孩子可以用水和肥皂清洗；要有各种大小和形状的低桌子，比如正方形、圆形、长方形的，最常见的是长方形的桌子，这样两三个孩子就能清洗桌子了；椅子最好是木头的，用柳条做的小扶手椅或沙发也是不错的选择。

在手工劳作间内，有两样家具是必须配备的。一件是开放式的长橱柜。橱柜要够低，这样个子小的孩子也能在上面摆一些像小毛毯、小工具等小物品。橱柜里摆放的是孩子公用的教学用具，这是孩子的共同财产。另一件是有两三排抽屉的衣柜，抽屉上有颜色明亮的门把手和写着孩子名字的小卡片。每个孩子都有属于自己的抽屉，可以放属于自己的东西，例如小杯子、小毛巾或者洗漱用具。

将黑板低低地挂满整个房间，让孩子可以在上面随意写字或者画一些有艺术感的画，正好可以当成房间的装饰。孩子们会画花草动物、自然风景、家庭成员、一起玩耍的伙伴，更多的是画他们听到的故事和历史故事的画面。

在劳作间里最好能摆放一些鲜花或者一些具有观赏性的植物。劳作间还要配置各种颜色的小地毯，如红色、蓝色、绿色、粉色等颜色。孩子可以随意坐在小地毯上，使用各种教具进行练习。由于小桌子、小椅子已经占据了大量空间，还要留下一片区域放置小地毯，所以劳作间要比其他房间大一些，这样孩子才能有空间随意将教具放在地毯上进行劳作。

客厅和起居室是孩子们玩耍、聊天、听音乐和做游戏的地方。房间的陈设要精致优雅，在房间内放置各种尺寸的小桌子、小扶手椅和沙发。在墙上挂各种尺寸的漂亮小托架，以便在上面放类似花瓶、雕像、相框等装饰品。最好能让每个孩子都拥有属于自己的小花盆，孩子可以用这些小花盆种自己喜欢的室内植物，精心护理和照料植物生长。起居室里要有一本画有各种图形的图册，这样可以培养孩子集中精力看书或者学认各种各样的几何图形，既可以做游戏又可以据此做模型。如果能有一架钢琴或其他乐器，特别是那种专门为孩子设计的小型竖琴，那就太完美了。老师可以在起居室里给孩子们讲故事，肯定会有很多对故事感兴趣的孩子围坐在老师身边听故事。

至于餐厅，除了摆放桌子，还要有许多低矮的碗碟柜，这样孩子就能自己拿取、放置餐具。此外，更衣间也必不可少，每个孩子有属于自己的衣柜或收纳空间。在更衣室里要有用桌子组成的盥洗台，每张桌子上要有一个小脸盆、肥皂和指甲剪。水槽放在靠墙的地方，以方便孩子取水倒水。

“儿童之家”中的所有事情，都需要由孩子们来完成。他们清理房间，清洗家具，擦亮铜器，洗涤、摆放好餐具，打扫并收起地毯，还要做洗衣服和煮鸡蛋等工作。自己的个人卫生更要自己完成，要学会自己穿衣、脱衣，把衣服挂起来或者折好。

玩具产品已经能做到很复杂、很逼真的程度了，可以用这些逼真的玩具给孩子建构一个尽可能真实的场景。有给娃娃们装扮的各种服装，有可以假装做饭的厨具和食材，有形态逼真的动物玩具，这样可以将现实展现给孩子们，让其成为自己生活舞台的表演者。

儿童的活动曲线

我们可以用一个曲线图来表示孩子的活动过程。在纸上画一条水平线，用来表示孩子正处在休息的状态，水平线以上表示孩子进行的有规律的活动，水平线以下表示他们随意玩耍和没有规律的活动，而曲线与水平线之间的距离表示孩子活动的复杂程度，曲线的长度表示时间的长短。以这种方式，我们能够用图形把孩子活动的时间长度和规律程度表现出来。而孩子的活动过程，就会在图上形成一条曲线。

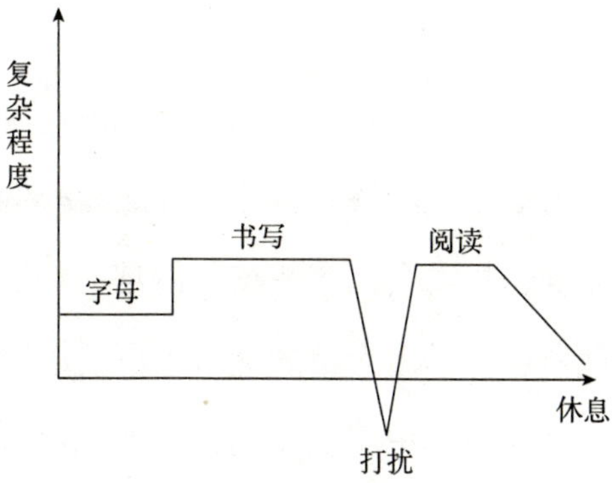

儿童活动曲线图

我还用这种方法去测量一个孩子在儿童之家所进行的活动。当孩子进入教室后，往往要先安静一会儿，然后才开始找事情做，所以曲线是先向上画到表示有规律的活动部分。等到孩子玩累了，活动就开始变得有些混乱。这时候曲线会画到水平线以下，一直下降到他的活动没有规律的部分。接着，孩子会更换一项新的活动。例如，如果孩子接下来先玩带插座的圆柱体，然后拿起蜡笔，用心地画了一段时间，过了一会儿他又去逗弄坐在他旁边的孩子，这时候的曲线就要再一次画到水平线下方。紧接着，孩子跟伙伴斗嘴，相应的曲线要继续停在活动没有规律的部分。再到后来，孩子感觉累了，他随手拿起几个铃铛放到秤上，觉得这个挺有意思，就慢慢专心地玩了起来，孩子的活动曲线也再次向上攀升到有规律活动的区域。直到孩子不想再玩了，但又不知道接下来该做什么的时候，他就会烦躁地走到老师的身边。

孩子的活动曲线当然不能显示出孩子是怎样玩每种东西的，我会在其他地方对这个问题展开讨论。无法专心的孩子，大都与上述活动曲线的描述相吻合。这些孩子常常不能把注意力集中在一件事情上，他们往往是漫无目的地从一项活动转移到另一项活动，原本计划在半年时间里用到的教具，他们可能在几小时内就玩遍了。孩子这种没有章法的行为，是非常平常的。过了一段时间，可能是几天、几个星期或者几个月，我们重新为这个孩子做了一张活动曲线图。我们发现，他已经有了专注的能力。

很明显，我们可以从活动曲线图上看出孩子的活动状况。他虽然没有十分严重的脱离秩序现象，但离完全有规律的目标还有一定的距离。换句话说，孩子的活动曲线大概维持在有规律与没有规律的活动范围之间。这种孩子进入学校后，倾向于找比较容易的事情来做，所以他可能会从教具里找出一些他早就熟悉的东西，反复练习那些他已学会的。

让孩子接触重大工作

在活动了一段时间之后，孩子看上去有些疲惫，表现出不知道该做什么好的样子，他的活动曲线下滑为表示休息状态的线。以上的活动模式，不仅在一个孩子的身上表现出来，甚至全班的孩子都是这样的。针对这样的情况，或许一位教学经验不足的老师会这么想：孩子们已经进行了一段时间的日常生活练习，又花了很多时间去进行教具练习，他们一定累了。如果是因为累了孩子才没有办法专心，那么错就不在老师身上。

一个容易心软又对现在盛行的心理学理论稍有了解的老师，就会理所当然地认为，孩子做了那么多事情，一定很累。于是，这个老师就会打断孩子的活动，他一般会带孩子到操场上去玩，让孩子透透气。等孩子们没命似的在操场上奔跑了一阵子之后，老师才把孩子们带回教室，这时候孩子会比没到操场玩之前更加好动，更无法专心。孩子还会从一项活动转移到另一项活动，这种“假累”的现象将一直持续下去。

也就是说，很多老师往往做出错误的结论，以为孩子会对自己所选择的工作感到满意，这是不正确的。很明显，孩子的选择随兴而至，玩了一会儿，他就会开始烦躁。老师对此常常感到无可奈何，他们实在已经用尽了各种方法——让孩子休息一下，换个地方去玩——可是都没有作用，孩子不仅不能继续做原来的事情，也没有平静下来。

尽管这些老师十分用功地钻研着教学的方法，但他们缺乏对孩子应有的信心，所以这些老师无法尊重孩子的自主权。当然，他们是尽了全力的，对每一项教学建议和教学计划都十分留意。只是这些老师惯于干预和指导，结果反而打乱了孩子的自然发展，影响了孩子本来能从活动中得到的启迪。

如果老师能做到尊重孩子的自由，对孩子充满信心；如果老师可以把他学到的暂时放到一边；如果老师能够谦虚一些，不把自己的指导看成必要的；如果老师懂得要耐心地等待，他就一定能看到孩子身上的全新转变。只有等到孩子找到了自己心智深处还没有被发现的潜能时，他焦躁不安的心情才能够平息。

可是，如果孩子重新选择了一项比之前的活动更加容易的活动，他们不安的心情就不会平静。因此，这项新的活动一定要能够吸引孩子的全部注意力，孩子一定要专心地把自己全部投入到这项活动中，同时孩子还必须不受周围事物的影响。

孩子完成了他的重要活动后，他的脸上会表现出一种和假累完全不同的表情。孩子之前的表现是看起来很累，现在他看起来很平静，而且他的眼睛闪闪发亮。孩子仿佛有了新的动力，并且充满了朝气。我们把这个过程叫做工作的循环，具体包括两部分：第一部分是单纯的准备工作，它引导孩子去接触工作；第二部分是带领孩子进入真正的重大工作。

完成工作之后，孩子会显得很平静。实际上，只有在这个时候，孩子才表现出真正的平静。孩子那种安静祥和的样子，让我们明显地感觉到他已经找到了新的真理。这时候，孩子一点儿也不会疲累，反而充满活力，孩子的状态就像我们刚刚享用了一道美食，或者刚刚洗了个舒服的澡一样。我们都有这种体验，吃饭和洗澡绝对是两种花力气的工作，但它们不仅不会让人感到累，反而会使我们重新充满活力。正因为孩子能从工作中得到平静休息，所以我们必须要尽力使孩子有机会去接触重大工作。

在工作中获得精神力量的平静

在这里，让我们来思考一下“休息”的真正含义。对于我们来说，休息并不代表完全懈怠不动。当我们静止不动时，我们全身的肌肉都比较容易僵硬，只有在我们放松的时候，我们的身体才能够得到休息，我们才能够从智力的劳动中获得精神力量的平静。

生命是非常神奇的。如果一位老师说："我给孩子这样或者那样的事情去做，他才会有精力。"他的这种做法应该得到大家的尊敬，因为这确实是了解孩子的唯一方法。我们只有去聆听孩子生命的声音，才能帮助孩子选择他真正需要的工作。所以，这位老师尊重孩子神奇的生命过程，也表明了他有信心等待，这就足够了。在没有压力的学习环境中，孩子显得快乐而友善，他甚至信心十足地和老师聊天。孩子仿佛打开了心灵之窗，他想去找老师说话，因为孩子看出了老师的聪明和优秀。孩子从前没有注意到的周围的一切，现在仿佛都在向他招手。毋庸置疑，孩子现在的感觉变得敏锐了，生活也丰富了，他们对团体活动更感兴趣了。面对这么多生活中的新发现，孩子一定要储存充沛的精力。一个精神不振、感情贫乏的孩子，是不会对老师的教学有什么反应的。这样的孩子不仅没有自信，而且不守规矩。就算真的能教他些什么，也会让你感觉精疲力竭。

根据上面所说的教学理念，我们必须承认一个事实，那就是我们以前对待孩子的方式确实太糟糕了。让孩子信服或者服从某个人，这并非孩子的内在发展所需要的外在表现，可是我们却一再地要求孩子遵从这些外在的行为要求，不给孩子机会让他成为自己的主人，并且发展他的内在潜能。我们真正要做的应该是，引导孩子找到通往他内心世界的路，而不是一再让孩子的发展受挫。

孩子越专心，就越能从工作中获得平静，越能发自内心地去守纪律。在教学方式上达到这种水平的老师，都会有一套特别的沟通方式。比如，一位老师可能会问另一位老师："你们班上的孩子表现怎么样？组织得有秩序吗？"老师可能会回答："嘿！你记不记得以前那个很不懂得遵守秩序的小男孩？他现在变得特别自律了。"以这种方式进行沟通的老师，往往是对孩子接下来的发展已经心中有数，也就能自然而然地对孩子展开教育。一件很简单的事就可以让孩子变得遵守纪律，一个能够自律的孩子就这样踏上了自然的心理发展之路。自律的孩子会习惯于工作，如果没有事情做就不知如何是好，他们甚至在等人的时候也闲不下来，整个人充满了活力。

当孩子越来越能够自律地工作时，他"假累"的时间就会越来越短，完成工作后平静下来的时间就会增加，就会有较多的时间沉浸在他刚刚结束的工作里。这个平静时刻有着特别的意义，工作似乎告一段落，但另一项观察外在世界的工作才刚刚在孩子的头脑中展开。孩子的内心平静下来，注意去观察他身边正在进行的事情，在头脑中思考着一些细节，并从中得到一些新的发现。

TIPS：

要做到专心，需要经历3个步骤：

● 准备期，有具体目标的工作能够让孩子的内在发展得到满足，使他的疑惑得到解答。

● 孩子能够顿悟他从未发现的事情，当孩子的内在疑惑有了答案的时候，他的外在表现会相应地改变。

● 孩子会变得非常听话，并且所表现出来的耐心几乎令人无法相信。更让人惊讶的是，之前并没有人教孩子要听话或者要有耐心。

本章小结

蒙氏养育观点

人都是在工作中成长和发展的，不管是他人的关心爱护还是自身的身体健康，都无法取代工作的价值。儿童渴望工作，这是他们生命本能的一种体现。只有在工作中，他们才能塑造自己的个性。

儿童工作的时候，并没有抱有某种特殊的目的，因为工作本身就是他们的目的。儿童总是充满了活力，他们不断地重复一项活动，并不是为了达到一个外在的目标，他们停止工作也不是因为劳累。

当孩子身处适合他们成长发展的环境时，环境促使其改变。所以，教具要摆放整齐，要保持美观、干净且完整，可以随时取用。老师身为教学资源的一部分，也要保持足够的吸引力，要年轻积极、整洁端庄、衣着得体，还要常常保持愉快的心情和亲切和蔼的态度。

蒙氏养育指导

□ 帮助孩子学会自己行动，自己做决定，自己思考。

□ 鼓励孩子发展对其身心有益的活动，消除不好的行为，因为这些不好的行为只会让孩子的精力用错地方，甚至对自己造成伤害。

□ 找能够吸引孩子注意力，并让他们专注的物品，然后精心布置一个能够帮助孩子的最佳外部环境。

□ 让孩子对学习保持高度的兴趣和持久的注意力。

□ 给孩子这样或者那样的事情去做，他才会有精力。

□ 对于散漫的孩子，可以给孩子做一些他既不很喜欢但也不讨厌的工作，来抓住孩子的注意力。

□ 只要孩子在专注地工作，就没有必要去理会孩子，不要让孩子感觉到老师在关注自己。

第2章

学前儿童的能力培养

MONTESSORI BRINGING UP
YOUR 6 YEARS OLD
CHILD

利用触摸练习，书写不再是毫无乐趣的任务，而是一种对知识的内在渴望。

·1·

书写能力

读与写这两项技能是学习其他科目的基础，如同一个人不会说话就很难学习其他东西一样。很多人觉得学“写字”是一件枯燥且颇有难度的事情，只有大孩子才能做到。我试着教4岁左右的孩子认字母，将以前用于心智发展迟缓的孩子的教育方法用于正常孩子身上。在这一过程中，我发现，只向孩子展现字母，没过几天孩子就不再记得了。于是，我换了一种方法，将字母刻在木板上，让孩子沿着木板上的纹路进行临摹之后，孩子很快就能认得字母了。即使是心智发展迟缓的孩子，通过这种教具，这样的学习方法，一段时间之后也能写一些字母。从这一实验中我认识到，对孩子而言，触觉经验对他们的发展与成长有很大的帮助。

为了让孩子更好地认字，我制作了一些字母教具，让孩子用指尖去触摸、去感觉字母。正常的孩子在接受了这样的训练后，产生了让我意想不到的结果：他们在9月中旬学习字母，到了年底就可以写圣诞卡了。这么快的速度，真是让我做梦都想不到。在认得字母之后，孩子开始问更多的问题，开始想深入地了解字母，例如字母的发音。孩子就像一台吸尘器，想把有关字母的知识都吸进去。

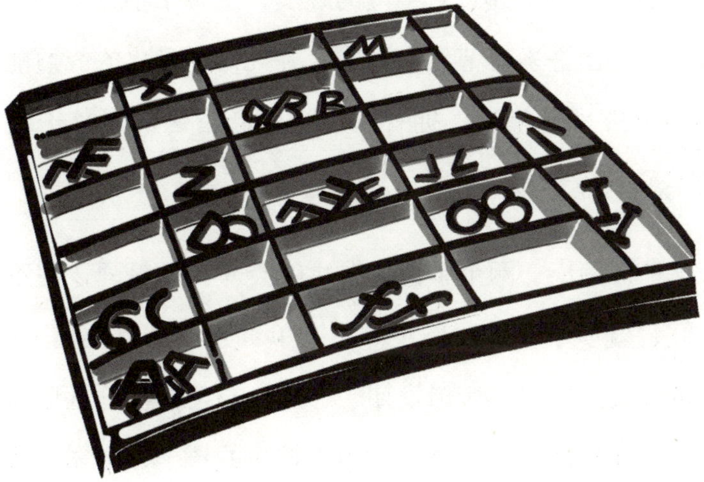

练习书写的方法

让孩子进行听写，就有了一个口头语言和书写之间的完美平衡，因为语言神经一定要与听觉相对应。

但儿童书写的动作，要比说话的必要动作简单得多，原因在于书写动作由外部大肌肉来执行，儿童可直接活动这些大块肌肉，使这种运动更加熟练。

我们要建立起一种儿童学习书写的肌肉机制。触摸对于孩子的书写非常重要。儿童可以在进行一段时间的触摸练习之后开始学习书写。孩子通过对字母的触摸，了解了字母的形状，也知道单词是由许多音节组合而成，并凭借字母盒的练习能够分析并组合拼写出单词。拥有以上知识储备之后，孩子就可以开始学习书写了。

孩子拼写出一两个单词，很快就会写其他单词，用不了太长时间，就能学会他所能说的所有单词了。这就像孩子在2岁这个阶段会出现“语言爆发期”一样，心理结构一旦形成，很快就学会了说话。对于进行过触摸练习的孩子，不需要像传统学校那样一个个单词地教他书写。书写对孩子来说，不再是毫无乐趣的任务，而是一种对知识的内在渴望。这种渴望会让孩子利用各种工具，在各种场合进行书写，用粉笔、用木棍，在墙上、在走道上，无论何时何地，我们甚至在面包上发现了单词。一些供不起纸笔的贫困、不识字的母亲，常来学校寻求帮助，于是我们提供了纸笔，发现这些孩子回到家后仍然不断地写，甚至睡着时手里都拿着笔。

开始我们设计了一些特殊的纸给孩子练习书写，线条之间有双倍的空间，再逐渐缩小。不久之后我们发现，这样做完全没有必要。孩子在任何格式的纸上都能书写得很漂亮，有的孩子甚至能把单词书写得像印刷的铅字一样细小、工整，比小学三年级的孩子写得还要好。由于孩子触摸的是一样的字母，字母的形状已深深植入孩子肌肉的记忆中，所以他们书写的字形都很相近。

这正是“儿童之家”在进行幼儿教育时所做的。

这些实实在在宝贵而常见的活动，为书写动作做了直接准备，因此对于书写心理一运动冲动就能够寻找到已经建立起来的通道，并爆炸性地通过幼儿的书写动作表现出来。

先让孩子知道每个字母都有一个声音，然后根据字母的读音用活动的字母将单词拼出来，这种将字母与读音结合起来的方式在孩子的敏感期特别有效果。

·2·

阅读能力

孩子渴望获得更多的知识，当看到不认识的单词，其中的字母发音超出了他所学的内容，自然就会提出很多问题，并拼写出他已会的词。当老师念出单词，孩子会从拼音字母盒中挑选字母，按照老师的读音进行单词拼写。不管这些单词有多长多难拼写，孩子都可以进行听写。老师只需要念一遍，4岁左右的孩子就能完成单词拼写，可是7岁或者更大一些的孩子却做不到，他们需要老师多念几遍才能做到。从这一比较，我了解到孩子的心智发展是有敏感期的，这个阶段就如同软蜡一般，对某些刺激有相当大的反应，当敏感期一过，这些刺激对孩子的影响力就会逐渐变弱。

利用语言敏感期

孩子能够集中精力思考脑子里的事情，就是因为他在第一个时期（0～3岁）里从环境中吸收了一切他能够吸收的知识。孩子吸收的所有信息和知识都会在大脑里存档、归纳，在能说话之后，语言的爆发期也就随之而来了。在孩子6岁之后，语言的敏感期就会慢慢消退，在这个时期前学习书写能让孩子感兴趣并且着迷，而到了八九岁便没有了学习书写的热情。

孩子在学习书写并动用相关器官之前是经过“间接预备”的。“间接预备”这个概念是蒙台梭利方法的组成部分。生物的胚胎期就是在做间接预备，器官在还没有成熟之前，是不会完成任何指令的。对于孩子而言，仅仅通过模仿或强迫其学习是不会产生任何效果的。只有孩子做好了“间接预备”，之后的一切才能顺理成章，所以我们要给孩子提供一个“预备好的环境”，让他能够自在成长，自由发展。

孩子小的时候，其口语发展似乎是按文法的顺序进行，即由声音、音节到名词、形容词，再到副词、连接词、动词和介词等。因此，在孩子的第二个时期（3~6岁），我们依然应该按照文法的顺序来进行引导。可以说，我们的语言教学就是在教孩子学习文法。其实，孩子3岁时就应该学习文法，甚至在他开始读写之前。很多人觉得这样的教学方式很荒谬，但我观察到的现象告诉我，这时的孩子非常热衷于学习，而年龄大一些的孩子却没有了这样的积极性。文法是语言的架构，孩子尽早学习、吸收它，对以后的学习会大有裨益。

孩子非常渴望认识新单词，而且他们一旦认识就可以书写出来。儿童之家的老师受教育程度不高，当他们不能满足孩子的需求时，他们就会来我这里求助，以学习更多的单词。为了了解孩子的接受能力，我特意给出了颇有难度的单词，例如多边形、梯形等几何图形的名词及一些文化术语。孩子一天之内就轻松学会了这些单词。我再加大难度，让孩子学习科学实验的器材，例如温度计、气压计；生物学方面的名词，例如花瓣、花托、花蕾等。我教孩子越多新词，他们就越想学习更多。3～6岁真是一个对词汇学习十分渴求的时期，不管词有多长多复杂，是关于动物学、生物学还是其他内容的，孩子都非常热衷，极有兴趣。在教授过程中，出现困难的却是老师，他们对这些名词很陌生，需要很长时间才能理解并记住。

书写在阅读前面

有时孩子已经能够书写，却还无法阅读。听起来是不是很荒谬，其实不然。大部分人都认为，孩子应该先会读然后才会写，而我们的教育方法是：先让孩子知道每个字母都对应一个发音，然后根据字母的读音用活动的字母将单词拼出来，这种将字母与读音结合起来的教学方式在孩子的敏感期特别有效果。随着能力的不断增强，孩子能用“手”书写表达，而不再只会用“口”来说话表达了，可他们仍然不能阅读。我原来认为孩子不能阅读的原因是他们无法辨认印刷体。正当我想解决这一问题时，发现孩子突然会自己阅读了。之所以会发生这样的变化，是由于孩子在进行了5个月的拼字训练之后，心中充满了对知识的渴望和对单词意义的求知欲。孩子的这种行为方式，就像考古学家研究史前文化一样，对未知的符号进行研究、分析，期望找出其中的意义。孩子对单词意义探求的激情在胸中燃烧，父母甚至抱怨，一家人在散步时，孩子总是要停下来拼读店外的招牌或广告。到孩子6岁的时候，差不多就能阅读整本故事书了。

教学要让3~6岁的孩子清晰区分书写和阅读，因为这两种动作并不绝对同步。

在“儿童之家”，与普遍接受的观念相反，书写一般位于阅读前面。

孩子检查自己刚刚写出来的单词，不是一种阅读。在此他只不过将符号转换成声音，就像一开始书写时，将声音转换成符号一样。

阅读是从书写符号中解释概念。在进行这种解释之前，孩子应该已经认识了单词，并在书写时不断重复。

单词阅读和书面语言的关系与听单词和口头语言的关系相同。阅读与书写都是为了接收他人传送给我们的语言信息。孩子并没有听到单词发音，只有当这个单词放在桌上，用字母拼写出来，孩子能够认识并且说出单词的含义时，这才是阅读。所以，只有当孩子能从书面语言中理解概念时，才能说他学会了阅读。

对于儿童教育而言，书写是一种运动神经占主导地位的动作，而阅读则是一种纯粹智力性的工作。“儿童之家”对于书写的教学方法，为孩子的阅读做了准备。

在学校，如果孩子知道进行书写，也就知道读出单词发音。我注意到当孩子用字母组合出单词或写出单词时，他必须有时间思考选择哪些符号来组成这个单词。

摆出一个单词给知道如何书写的孩子，让他通过阅读对单词进行解释，他就会很长时间没有声音，接下来，以一种和书写一样缓慢的速度，来读出构成这个单词的发音。只有当清晰念出、用语言学的方式来读出这个单词时，对于单词的感觉才变得明确。孩子必须认识这个单词，必须知道这个单词的音调，这是为了确定单词的含义。

把看到的音节读出来

当儿童想要进行阅读时，成人对这种高级智力工作进行干预，就显得十分必要了。

“儿童之家”在幼儿教育中，在阅读练习中，会采用如下方式：

1.完全抛弃旧式启蒙读物；

2.用普通书写纸，做一些小卡片，在每一张卡片上都写上一个大而清晰的单词。

这些单词，孩子们已经说过许多遍，而单词所代表的物体，也都是实际存在或者属于孩子们非常熟悉的事物。

为了使孩子对一个单词的含义有更加直观的认识，就将这个单词所指代的物体放到孩子眼前。单词卡上所写的物体绝大多数是“儿童之家”的玩具，包括洋娃娃和它的房子、羊群、各种动物、玩具士兵、球、树木、铁路和各种简单图形等。

为了使儿童尽早了解书写符号的概念，要将练习与语言的发展过程联系起来。书写能够纠正、指引和完善儿童的口头语言机制，也能够促进儿童生理语言的发展，而阅读则对孩子社会语言的形成起作用。

因此，“儿童之家”的老师先安排孩子从名词开始，读出熟悉物体的名字。

这么做的前提是，孩子们已经知道怎样去读任何一个单词，已经知道怎样读出组成单词的音节，无论这个单词的构成是否复杂。

例如，一个小孩子慢慢将书面单词转换成声音，但他转换得并不准确。这时一定要注意，老师不能说“快一点儿”。孩子在读第二遍时，因为之前读过了一遍，就会快一些，但还是经常无法理解含义。这时老师可以适度地说：“快一点儿，快一点儿。”

那么，由于重复而不断地熟悉，孩子每读一次就比前一次更快，重复着相同发音，最终这个单词进入了孩子的意识深处。此时的孩子，就像认出了一位老朋友一样，看着这个单词，表现出满足感。这就完成了关于阅读的练习。

对于这种练习，孩子进行得非常快，因为在这之前孩子们已经进行过充分的书写练习了。从“儿童之家”的教育结果看来，将那些单调愚蠢的启蒙读物和无用的抄写本抛弃，对孩子学习阅读和书写极为有利。

进行阅读游戏

在进行过阅读的入门教学后，“儿童之家”采用了如下的游戏来练习阅读，孩子们对此感到非常高兴。

阅读游戏需要使用的相关材料：

1.大量卡片，上面清晰写着大号单词或者句子；

2.各式各样的玩具。

在游戏过程中，我们发现一个有趣的现象，那就是孩子付出努力的程度——这些游戏可让孩子不费力气，就学会阅读。

游戏一

1.将各种玩具放在一张大桌子上，再准备好写有对应每个玩具名称的卡片。

2.老师将这些卡片叠好，混放在篮子里面，然后让那些会读这些单词的孩子，从篮子里面抽出卡片。

3.每个孩子都拿一张卡片回自己的座位，安静地打开，在心中默读而不让周围的孩子看到。

4.孩子再次将卡片叠好，这样就可以好好保守这个秘密。

5.孩子手中拿着叠好的卡片来到桌子边上，然后清楚地说出卡片上的名称，同时要给老师看卡片以确认他是否说对了名称。

说明：这时，如果孩子说对了，这张卡片就成了一个可以换到相对应玩具的金币。接下来，如果孩子还能正确地指示出玩具，老师就可以让他拿走那个玩具，还可以让他尽兴地玩。

6.当每个孩子都轮了一遍之后，老师叫来第一个孩子，让他从另一个篮子里面抽出一张卡片。一抽到卡片后，孩子就要立刻读出来。

7.这些卡片上写着不能读出或读得不对的孩子的名字，这些孩子也就因此没有得到玩具。

8.拿到新卡片的孩子，要将自己刚才玩耍的玩具，给他读到的小伙伴。

说明：真正的教育是心灵的教育——“儿童之家”教育孩子，要以一种优雅而有礼貌的方式来给同伴玩具，并且一定要鞠躬。通过这种方式教育儿童，就消除了任何等级观念，并且唤起了人类对他人的慈悲心。

这种阅读游戏进行得非常好。孩子在得到哪怕是一小会儿那些漂亮玩具时，都会获得一种满足感，因为他们的劳动得到了尊重。

在进行这个游戏时，发生了一件使老师感到惊讶的事，那些已经学会理解单词的孩子，居然拒绝拿玩具。

这到底是为什么？孩子们说他们不想浪费时间在玩耍上面。但是，对于抽出卡片，然后进行阅读本身，他们表现出一种无法满足的渴望。

理解了这些幼小心灵中所潜藏的秘密，我们不得不对孩子们灵魂的伟大表示由衷赞叹。当老师站在这群热切的孩子中沉思时，他发现正是孩子对于智慧的热爱，让他们创造了种种奇迹，从而使人思考人类灵魂的伟大。

因此，我与其他老师抛开所有玩具，制作了上百张卡片，包括孩子们的名字，城市和物体的名字，以及通过感觉练习而学会的颜色和质地名称等，并将所有这些卡片放在盒子里面，让孩子们可以自由使用。

老师曾经预想，干事没有常性的孩子会很快从一个盒子转到另一个盒子。

然而，事实恰恰相反，孩子们将一个盒子掏空后，才转向另一个盒子，他们有一种对阅读无法满足的欲望。

游戏二

有一天我来到学校，发现老师让孩子们将桌椅都放在阳台上，要在室外进行教学。在一些卡片上，老师写了长句子，描述了孩子们要做的动作，比如：

1.关上百叶窗，打开前门；在等待片刻之后，将所有的东西恢复原样。

2.要非常有礼貌地邀请八个同伴离开他们的座位，并在教室中心排成两行，然后让他们用脚尖着地，前后移动。注意：不要发出任何声音。

3.在征询三位年龄最大、唱歌最好听的同伴的同意后，邀请他们站在教室中间，然后和他们一起唱一支歌曲。

只要老师一写完，孩子们立刻就抓住卡片回到自己的座位上，非常认真、自觉地读起来，并且保持安静。

接下来老师问道："你们看明白了吗?"

"明白！明白！"

"那就按照卡片上告诉你们的去做吧！"老师说。

这时，老师就能非常高兴地看着孩子们迅速而准确地按照卡片上行事：

有的孩子关百叶窗，然后又打开；

有的孩子让同伴踮起脚尖走路；

有的孩子让同伴唱歌；

有的孩子则在黑板上进行书写或者从碗橱里面拿出某样东西。

所有这一切——惊喜和好奇制造了一种安静，孩子们在课上非常有秩序地进行着游戏。

好像是“儿童之家”老师的某种魔力刺激了这种前所未见的行为，而这种魔力就是书面语言，是人类文明最重要的成果。

孩子们深刻地理解了书面语言的重要性，他们聚集在老师周围，流露出感激和喜悦的表情，说道：“谢谢您！谢谢您！谢谢您的课程！”

结果，这种游戏成了最受欢迎的游戏：

1.游戏一开始保持绝对安静。

2.拿出一个里面装满叠好卡片的篮子，每张卡片上面都写有一个长句，表明一系列动作。

说明：所有能够阅读的孩子都可以抽一张卡片，在心中默念一到两遍，直到确定理解了卡片上的内容。

3.孩子们将卡片还给老师，开始执行各种动作。

说明：这些动作都需要在那些还不能进行阅读的孩子的帮助下才能完成，并且需要处理和利用各种材料。游戏的过程中一切都要井然有序，教室里面要维持安静，偶尔被轻轻的小跑声音和孩子们的歌声打断。

游戏三

一些孩子正在桌边围坐成一个圈，把玩着桌上用砂纸剪成的字母和可移动的字母；另外一些孩子在阳光中玩耍。这时，老师坐到桌前，拿出一个长而窄的盒子，盒子里面放满写着单词的卡片，并让孩子们在盒子里寻找自己喜爱的卡片。

过了一会儿，老师说："真不敢相信，这个游戏已经进行了一个多小时，可他们还没有满足。"

于是，老师将球和洋娃娃拿过来，想要吸引孩子，但没有一个孩子被吸引过来。

看来与智慧和学习所带来的快乐相比，一切浮于表面的享乐是如此没有吸引力。

在看到这令人吃惊的结果后，我想到用印刷体来测试一下孩子的阅读水平。

我就建议老师，在一些卡片的手写体下面加上印刷体。接下来，孩子们的举动证明这根本没必要。

在“儿童之家”的大厅里有一本日历，上面用印刷体印着许多单词，每个单词的每一个首字母都是特写体字母。孩子们出于对阅读的狂热，开始看这本日历。

事实证明，他们不但能够阅读印刷体，而且还能读特写体。

到此为止，就差给孩子们一本书读了！但现在的书没有一本适用于“儿童之家”的方法，所以我们只能以上述方式让孩子进行练习。

阅读游戏的效果

在“儿童之家”学习的孩子的母亲，很快就发现了孩子进步的证据。她们在孩子的口袋里，发现了一些小卡片，上面粗略地写着购物清单：面包、盐等。

看看，孩子已经开始为母亲列购物清单了。

另外有一些母亲告诉老师，她们的孩子已经不在街上乱跑，而是停下来阅读商店里面的字符。

还有一个5岁的孩子，他的父亲是市长，他在一所私立学校接受同样的教学。

这个市长父亲收到了许多信件，得知自己的孩子接受书写和阅读练习已经两个月，却没太注意这件事情，因为他不太相信这种方法。

有一天，他坐在那里看书，孩子在边上玩耍。这时，一位仆人进来，将一大堆刚刚收到的信件放在桌子上。小男孩注意到这些，他拿起一封信大声地读出了地址。父亲看到这一切后，非常兴奋，认为这真是一个奇迹。

经验表明，如果从儿童进行书写那一刻开始算起，从那种比较低等的图形语言阶段过渡到高级阶段，平均只需要两个星期。但要想达到能够熟练地阅读，则要比书写的进程慢很多。

在许多情况下，那些阅读能力不太好的孩子，却能够写得一手漂亮字。

由于同一年龄的孩子，在阅读和书写上面，能力并不完全相同。所以，相关教学不但不强迫孩子，也不刺激他，更不会用某种企图来哄骗孩子去做他不想做的事情。

有时，有些孩子没能自发参加这些课程，所以他们也就不知道该如何进行书写和阅读。

如果采用过去传统的方法来教育孩子，就有可能会扭曲孩子的意志，破坏孩子的自发性。这些错误的教育方法认为，在6岁以前对孩子进行书面语言教学，属于不可能的事情。但如果真是这样，“儿童之家”的方法又怎么会取得这么好的效果呢？

在没有更加丰富的经验前，“儿童之家”的教育方法还不能确定是否在任何情况下，口头语言充分发展的时期都是开始发展书面语言的最佳时期。

但可以肯定的是，几乎在所有情况下，所有使用“儿童之家”教育方法的孩子都可以在4岁时开始书写，在5岁时知道如何进行阅读，并且至少可以达到小学一年级水平。

因此，这些孩子在开始上学时，完全可以直接上二年级。

有趣的阅读实验

当“儿童之家”的朋友发现孩子们可以阅读印刷体时，他们送给“儿童之家”一些精美的图书作为礼物。

浏览了这些简单的童话故事后，我确信孩子们无法理解。而老师对于学生的能力十分有信心，想要证明是我错了。他们让不同的孩子给我读故事，说这些孩子要比那些普通小学二年级的孩子强许多。

为了更有效地验证我们彼此的观点孰对孰非，于是我做了两个实验。

第一个实验

一开始，让老师给孩子讲一个故事，而我就在旁边观察孩子对这个故事感兴趣的程度是多少。

老师才读了几个单词，孩子们的注意力就开始分散。

我不让老师提醒那些注意力不集中的孩子。渐渐地，教室里面响起了嗡嗡声，因为孩子们并不关心老师在讲什么，所以他们转而关注自己的事情。

很明显，那些看上去似乎很爱读书的孩子并不因为书的内容才喜爱的，而是因为他们获得了“读”这种能力，即因能够将图形符号转换成自己认识的单词和发音而高兴。

结论：如果孩子拿到一本有许多不认识单词的书，他们不会表现出喜爱阅读的持久性来。

第二个实验

让一个孩子念书并不打断他，或者让孩子说一些关于书的内容的解释，就像老师想帮助孩子去抓住故事的主线时所做的那样。

例如，老师会问："停一下，你明白吗？你读的是什么呢？告诉我们，这个小男孩是如何驾着一辆马车的，好吗？注意书在说些什么。"等等。

我把书给了一个小男孩，并以一种友好的方式坐在他身边。

当他读书时，我像一个朋友那样简单而又严肃地问他："你能明白在读什么吗?"

他回答："不能。"

孩子的表情似乎在问我为什么让他读书。

实际上，通过对一系列单词的阅读，他人的复杂思想就可以传递过来，这对孩子们来说是他们未来的目标，也是惊喜的又一个源泉。

书依靠的不是语言机制而是逻辑语言。在孩子能理解、欣赏书的内容以前，必须帮助他们建立起逻辑语言。

对于一本书，能够阅读单词和理解内容之间存在着距离，就像发音和说话之间的距离一样。因此，我不让太小的孩子阅读书籍，而是等待着适当的时机。

事实证明，这是十分明智的做法。

一天，在自由对话时间里，有四个小孩同时站起来。

这四个小孩脸上带着喜悦的表情，他们跑向黑板，然后写出了下面的话：

“哦！花园里的花开了，我们真高兴呀！”

对我来说，这真是一个巨大的惊喜，深受感动。孩子们自发地实现了作文技巧，就像他们自发写出了第一个字母一般。

结论：人类各机制发展的过程相同，当时机成熟时，逻辑性的口头语言就刺激了相应书面语言的爆发式发展。

看到孩子们的表现，我知道是时候进行句子阅读教学了。于是，根据孩子们所使用的方法，老师也在黑板上写出：“你们爱我吗?”

孩子们慢慢地大声读着，保持了一刻安静，好像在思考，接下来都喊道：“爱！爱！”

老师继续写出：“那好，保持安静，都看着我。”

孩子们几乎是叫喊着读出了这句话，但是在就要读完时突然变得安静，只有椅子发出声音，而这也是孩子们为了调整姿势减少噪声才发出的。

就这样，老师和他们开始通过书面语言交流。这让孩子们异常感兴趣。

渐渐地，孩子们通过这种交流方式发现了书写的本质——传递思想。无论何时老师开始进行书写，他们都非常急切，想要明白老师的意思，而不用听老师说一个词。

由此可以看出，当书面语言和口头语言被完全隔离时，儿童才能理解书面语言的重要性。确实，图形语言不需要口头词汇。

这个教学经验告诉幼儿教育工作者，作文一定要处于逻辑阅读的前面，而书写要在词汇阅读之前。同样，如果教授阅读的目的是让孩子能够接受一个观念，那就必须开展默读，而不能发出声音。因此，大声朗读暗含着两种机制形式——口头和书面的语言形式，这也说明它是一项复杂的工作。

例如，一个成年人要给大家读报纸，他必须首先要知道报纸的内容。

另外，大声朗读是一种最困难的智力行为。

孩子在一开始时，为了理解句子的含义应当默读。当涉及逻辑思想解释时，书面语言就必须与口头语言相隔离。原因在于：书面语言代表着一种远距离传送思想的语言，而与此同时，人类的感觉和肌肉机制都在无声进行解读。这是一种精神化的语言，它保证所有懂得阅读的人都能够进行交流。

针对孩子的潜在生命力，在不违背教育本质的前提下，对他们进行启发式教育。给孩子自由，让孩子自主学习，这样成长的儿童，他们发音清晰、写字流利、动作优雅。他们在美感中长大，有最真挚的人性。聪慧的孩子还是周围环境当中最富智慧和最有耐心的观察者，他们以自由的发展形式掌握了理性的力量。

孩子对高度准确性的活动很感兴趣，而且越复杂就越感兴趣。

·3·

运算能力

在运算方面，儿童的大脑一开始就表现出了精确性，这主要体现在儿童对行为精确性的要求上，另外也表现在儿童早期对秩序、规则比较高的要求上。由此可以发现，儿童对事物是否有序摆放、位置是否适当非常敏感。儿童在活动中了解周围的环境，并会将那些有一定规律的东西留在他们的记忆里。否则，儿童就不能获得专注的心理能力。

儿童对准确性的追求会主动而且突出地表现为很多种方式。

例如，当成人告诉儿童怎样做某件事情才能更加准确，这种准确性同样会激起他们的兴趣。做事情首先是要达到一定的目的，而要把它做精准，还需要儿童付出努力。这种努力同时也能促进儿童的成长和发展。儿童在学校中进行各种活动的关键正在于规律性和准确性。

我们为儿童准备的、培养他们注意力（在3～4岁孩子的身上表现得最明显）的小物件，一方面能够帮助儿童了解他们周围的环境，另一方面能够培养儿童“精确的大脑”。

在这个问题上，我们得到的结论跟一般的普通学校中的情况完全不同。普通学校中的数学课简直成了孩子们的一种煎熬，以致许多学生产生了一种数学学习的心理障碍。如果在早期就能让“精确”的意识深深植根于儿童“具有吸收力的大脑”，那么情况就会截然不同了。

一般儿童的日常生活中没有跟精确的数学相关的东西。大自然中有树木、花朵，还有动物，但没有跟精确的数学相关的事物，儿童因此会缺少发展他们自身数学敏感性的机会，这会影响到他们今后的发展。所以，我们可以人为地提供给孩子小物件，让它们成为数学学习的基础。

高度准确性的活动

相对语言，数学是一门很难解释的学科。

一般情况下，数学包含以下3种。

- **算数：**数字的科学。
- **代数：**抽象的数字。
- **几何：**抽象的形象。

凭借着对孩子的了解，我们在孩子很小的时候，就将这3种数学全都教给孩子，这让很多人觉得难以置信。我们发现，这种“三合一”的教学方式非常有效，就像只有一个支点维持平衡的东西远不如三角支撑稳固一样。例如，在介绍“个”“十”“百”“千”等数量单位时，用几何形状（点、线、面、体）来展现，我们设计的教具也都体现这3种特性。这样的教学方式，让孩子饶有兴趣，非常热衷。令人惊喜的事情是，经过一段时间，孩子就能用代数的方式表达抽象的数字之间的关系了。

由于数学的学习枯燥且抽象，不像语言那样生动有趣，孩子自然不是很喜欢，很多人就会因此说孩子喜欢语言而不喜欢数学。这其实是一种偏见。孩子给我们呈现的事实完全不是这样，5～6岁的孩子非常愿意学习10进位计算，所运算的都是10以上的数字，而我们教给孩子的是只限于1至10以内的四则运算。在“儿童之家”就连4岁的孩子也想要学10以内的运算，而且非常投入。如果这些运算是以实物的形式进行操作，孩子会表现出更浓厚的兴趣。例如，有个孩子在学会三项式（a+b+c）之后发现，既然可以用a和b，那么就可以用其他的字母来代替数字。由此看来，孩子的学习能力是无限的，是不愿被限制的。

精准性是人类心智的产物

孩子的数学发展令人激动，且没有任何征兆，就像语言学习一样。我们并不知道其中的缘由，只能将其归因于孩子早期的某种特殊能力。经过长期的观察，我发现，孩子对高度准确性的活动很感兴趣，而且越复杂就越感兴趣。高度准确性的活动不仅指动作方面，还包括具有操作性的工作。孩子对准确、细节的追求是一种天然倾向，在观察花卉或昆虫时就有所体现，而且这种对准确性的要求会向数量方面发展，并将准确性带向抽象的数学。孩子从具体的实物开始，慢慢过渡到抽象的“数”，再进入更抽象的代数阶段。由于数学的3个方面，即实物、抽象、代数，都会涉及准确性的问题，这就让孩子十分热衷于了解这些“单位”的游戏。我们从大哲学家兼物理学家巴斯卡那里获得启发，他曾认真研究过数学，认为人类具有数学的特性，并因此发展、进步。他的这一观点很受大家欢迎，而且他的这个观点又在孩子身上得到验证，因为在传统的教学方式中，数学的确是最枯燥、最让人提不起兴趣的科目。

我们再来研究一下巴斯卡的观点，他认为人类的行为都在围绕其所处的环境进行，而且这些行为会越来越精准。这种精准性也只能由人类的心智发展而来，因此证明了人类的心智具有数学的特性。纵观历史就能发现，人类社会的发展就是在致力于改善自己所处的环境，解释人类感知的事物及其所产生的现象。而要做到这些，就必须要正确地了解这些事物，这就是人类对事物精准性的追求了。200年前的巴斯卡就发现，准确性是人类的基本特性之一。

> 孩子在劳动过程中，他们的心灵与他们照料下而发育的生命之间也会产生一种一致性，因为孩子的天性是热爱生命的各种表现形式。

·4·

手工劳动能力

孩子在童年期就大致了解了人类的初期生活——从游牧生活转向定居生活，这种转变劳动是第一要素：通过劳动，向土地索取果实，建造栖身场所，制造陶器，并用陶器煮熟土地生产的食物。

手工劳动和手工锻炼的区别在于：前者是为了完成特定的任务，生产出对社会有用的产品，增加世界的物质财富。后者是为了锻炼双手，增强体质，完善个人。但二者并非孤立存在，它们之间相互联系。通常来说，具备完善双手的人，才能生产出有用的产品。

让孩子拥有完善双手的自由

福禄培尔让孩子仿制泥塑品是他开发的练习中最合理的部分。我不建议孩子们仿制任何东西，只是让他们用黏土按照自己的意愿去塑造；我不要求孩子们生产有用的产品，也不要求他们完成什么计划，因为泥塑工作是为了研究孩子心理个性而做的一项辅助性服务，它不是教育的主要目的。

我在“儿童之家”尝试过兰敦教授“教育艺术学校”见过的一些有趣的练习。兰敦教授认为，不能把青年社团的教育建立在公民说教的基础上，而是从通过正确的方式引导青年鉴赏、热爱艺术这个角度出发，来对青年进行教育，使他们逐渐达到尊重物品，特别是历史遗迹及历史建筑的目的。所以，这所教育艺术学校广泛吸纳各种艺术思想，其中还包括复制我们周围常见的物品，讲述它们的生产史，以及介绍主要城市的历史遗迹。为了更加直接地达到目的，兰敦教授把学校建在罗马城墙最富有艺术性的一个缺口——贝利萨柳斯墙旁，这里可以俯瞰昂伯托·普利莫别墅。该处不为市政当局重视，市民也不爱护这座城墙，兰敦教授却倍加关注，他把城墙的外侧布置成雅致的空中花园，艺术学校就设在花园中。乔文内扎 · 金泰儿青年社团就是由这所学校组成的。

通过陶艺锻炼儿童的审美

兰敦教授想在艺术学校重建或复兴陶工艺术（制作陶器的艺术）。陶工艺术曾经是意大利和佛罗伦萨引以为荣的艺术形式。我们知道，陶器具有考古价值和历史价值，也具有极大的艺术价值，它的艺术性可以与钱币艺术相媲美。实际上，陶器是人类文明中最重要、最原始的组成部分。它随着火的利用而被广泛使用，但它的发明却早于取火。可以说，人类第一次的熟食就是装在陶器内煮熟的。

陶器伴随着人类文明的进步得到很好的完善和发展，不但扩大了用途，还增添了许多新品种，它的历史也随人类史的发展而发展。陶器除了有生活意义和精神意义以外，还具有极高的实用价值：它适于塑造成各种形式的装饰品，为艺术家发挥个人的艺术才能提供了一个自由的想象空间。

如果学会了制陶工艺，任何人都可以根据自己的审美情趣和艺术灵感塑造自己想要的物品，从而展现该工艺的艺术性。另外，在兰敦教授的学校里，还教学生怎样使用陶工旋盘，怎样制作花饰浴盆，怎样在壁炉内焙烧陶坯以及怎样完成工业制陶的各种体力劳动。

兰敦教授的“教育艺术学校”的另一项工作就是制作小型砖。小型砖制好后，放在壁炉中焙烧，用于砌成小型的墙。砌墙的过程与泥瓦匠一样，一砖一砖、一层一层地向上砌。砌完后，学生们就真正知道了建造房屋的所有过程——先用工具在地上挖坑，挖坑就是打地基，然后从地基开始，一层一层地砌砖，砖墙砌好，在上面搭顶，房屋就建成了。学生们建造的房屋和真房子一样，有门有窗户，正面被镶上孩子们自己烧制的彩色瓷砖，不过要比我们居住的房子小很多很多。可以说，学生们建造的房子是我们居住的房子的浓缩版。这样的好处是，学生们学会了鉴赏物品及周围的建筑物，而且实际的体力劳动和艺术创作也给了他们有益的身体锻炼。

“儿童之家”也采用了上述手工训练。经过培训后，孩子们对制作陶器的热情很高。他们完成作品后，细致地保存自己的作品，并为之骄傲。孩子们仿制的小东西各式各样，如鸡蛋、水果、篮子等。有的孩子用红土做一个简单的陶器，装上用白土做成的鸡蛋，然后再仿制带有小口的陶罐，以及两耳或三耳的三脚鼎、酒罐等。不过，孩子们最喜欢的还是砌砖墙盖房子，他们还会在小房子周围栽培植物。

通过手工劳动来实施自然教育

我们农业教育的方法是根据巴西利试图在小学里建立"小教育园地"的精神制定的。巴西利在每块"小园地"里都种上各种各样的农作物，与此同时，向儿童展示农作物的收播时间、收播方法、生长周期、翻耕土地、施用化肥和天然肥料等。不仅如此，他们同时还培植观赏植物，并让儿童们从事园艺工作。当他们到了就业年龄时，这项手艺就会为他们创造可观的经济收入。

关于农业教育我提出以下几个要点：

第一，引导孩子观察生命现象。孩子与动植物的关系类似于老师与他们的关系。随着观察兴趣的逐渐增长，关心生物的热情也随之增长，这样孩子们就会去感激妈妈和老师对他们的爱护。

第二，引导孩子们通过自主学习提高预见力。当孩子们知道植物的生长需要他们细心地浇水，饲养的动物需要他们勤勉地喂食后，他们就会感到自己对生命负有责任，变得警惕起来。如果不这样去做，植物就会干枯、动物就会死亡。此外，在孩子的心灵深处，有一个声音在忠告他们，千万不要忘记自己承担的责任。这个声音就是他们照管下的生命所发出的。在孩子和他们照管的动植物之间会产生出一种神秘的一致性，从而诱导他们不需要老师的干涉就能够完成任务，只需引导他们进行自主学习。

孩子们所得的报酬也存在于自然界中。例如，孩子照看一只孵蛋的鸽子，每天给鸽子送食物和水，保证它不会饿死。就这样，一天一天过去了，他们的付出终于有了回报。一个明朗的晴天，他们看到破壳的小鸽子了！小鸽子的出现，就是对他们劳作的回报。兔笼子里原本只有一对寂寞的大兔子，他们曾爱抚它们，还偷偷从妈妈的厨房里拿菜叶来喂养它们。终于有一天兔笼里出现了小兔子！小兔子就是他们付出的回报。

在罗马我们没有建立起动物饲养场所，但在米兰的“儿童之家”我们却养了一些动物，其中有一对美国小白鸡，它们住在一个小巧玲珑的鸡舍里。鸡舍前用篱笆围出一小片空地，供它们玩耍嬉戏。鸡舍门每天夜晚由孩子们轮流上锁，等到第二天早上孩子们就高高兴兴地跑去开锁，送水和干草，细心地照料着小鸡，晚上看小鸡什么都不缺了后才放心地锁上门。老师告诉我，在所有的教育练习中，照料小鸡最受孩子们的欢迎。经常会出现这样的现象，当孩子们完成自己的任务，各自从事自己喜欢的事情时，一个、两个或三个孩子，悄悄站起来，出去看一眼自己饲养的动物，看它们需要什么。有位孩子喜欢鱼，他总是很长时间不在教室里，有一天老师惊奇地发现，原来他在喷水池旁看着在水中游来游去的鱼，已经入迷了，就连老师走到他身边轻轻叫他的名字，他都没有听见。

一天，一位米兰的老师给我写了一封信，信中这位老师以极大的热情告诉我一个好消息：小鸽子孵出来了。当孩子看到小鸽子后，他们非常高兴，简直就像过盛大的节日。他们觉得自己在一定程度上好像就是这些小鸽子的父母。我想，孩子们看到小鸽子出生所产生的兴奋与高兴，是他们真挚情感的流露。

栽培植物同样也可以使孩子们得到很多快乐。在罗马的一个“儿童之家”中原本没有可供栽培的土地，但在培拉先生的努力下，沿平台摆放了许多花盆，靠墙根种植了一些攀缘植物，孩子们非常乐意用喷壶给花草浇水。有一天，我发现孩子们在地上围坐成一圈，原来是在观看一朵灿烂的红玫瑰。他们静寂无语，沉浸在深深的思索之中。我想，孩子们一定沉浸在某种无与伦比的幸福之中吧，因为绽放的红玫瑰是他们精心浇灌出来的。

第三，引导孩子们建立人生品格。品格是一种信仰和人生哲学的形式。当孩子们播下一粒种子，直到它结果的这一过程中，孩子们首先看到的是幼芽，随着幼芽一天天长大，开始出现花蕾，然后是小果实，最后是成熟的果实；植物的生理特点不尽相同，有一些植物发芽早一些，有一些则晚一点儿；草本植物生长得要快一些，果树则要慢一些。看到这些，孩子们会获得心理上的平衡，在幼小的心灵里萌生出一种智慧，就像农民知道按时耕种那样。

第四，培养孩子们对大自然的情感。大自然是神奇的，也是慷慨的。它赋予劳动者丰厚的报酬。也就是说，谁为它的生命发育付出了劳动，谁就会获得丰硕的果实。

孩子在劳动过程中，他们的心灵与在他们照料下发育的生命之间会产生一种一致性，因为孩子的天性是热爱生命的各种表现形式的。莱特夫人告诉我，孩子们经常会对蚯蚓和屎壳郎等运动中的小生物产生兴趣。儿童的这种兴趣正好发展成为对一切活着的生物产生信任感，这就是爱的表现形式，也是同宇宙融为一体的一种形式。

栽培植物最能培养孩子对大自然的情感，因为植物在自然完成生命的进程中给予的远比索取的多，它在不断地展示着自己的美和丰富性。孩子们栽培了蝴蝶兰、三色紫罗兰、玫瑰和风信子，他们播下种子，埋下根球，种下果树，按时给它们浇水，最后那些盛开的花朵、成熟的果实，就是大自然赐予他们的礼物，并且是对少量付出的高额报酬。这就好像是大自然在以礼物来报答耕耘者的爱和渴望之情，而不是在权衡其有形的劳动量。

当孩子们采集劳动的成果时，情况就完全不同了，果实作为被消耗体，最终被分配殆尽，而不是增加积累。农业产品和工业产品、天然产品和人工产品之间存在着差别，必然会在孩子们心里产生一个不可改变的事实，就像想让果树多结果，人就必须付出劳动一样。

第五，培养儿童沿着人类发展的自然道路前进。简单地说，这种教育可以使个体发育和人类整体的发展协调一致。农业是人类从自然状态进入人工状态的产物。当人类发现土地具有增产的秘密时，它就获得了文明的报酬。儿童作为现代文明人的重要组成部分，也必须经历这条道路。

这样理解自然教育的作用，孩子们就更容易付出实践了。即便没有体育训练的宽阔操场和庭院，只需要找几平方米用于栽培或一小块地方让鸽子做窝，就可以进行精神教育。即便是窗台上的一盆花，也可以用于教育。

我们在罗马的第一个“儿童之家”那里，有一个宽大的种植园地。孩子们除了可以进行户外活动外，还可以从事种植。我们特意把一块长方形的土地分成两部分，中间用一条路隔开，一边种树，另一边留给孩子栽培植物，并且每一个孩子都能分到一小块土地。

当有的孩子在路上跑来跑去或在树荫下休息时，有的孩子则正在播种、耕锄、浇水或查看土地的表层。这期间发生了一件有趣的事情：由于属于孩子们的土地紧靠着住宅楼的墙，那儿又是一个死胡同，很少引起人们的注意，居民们习惯把各种垃圾从窗户扔下来。起初，孩子们的土地被居民的垃圾弄得乱七八糟。我们没有做任何劝告，但是楼上的居民知道后，出于对儿童劳动成果的尊重，他们再也不从窗户向外乱扔东西了。就这样，孩子们心爱的土地上，出现了如母亲般爱护的目光和亲切的微笑。

儿童的生命必然吸收大自然的力量，他们的精神生命也必然要与天地万物交融。孩子们亲近大自然，可以直接从大自然中吸取养分。可是，我们很多母亲和老师忽略了这一点，不懂得甚至没想到该如何帮助孩子与自然相融。

本章小结

蒙氏养育观点

将字母刻在木板上，让孩子沿着木板上的纹路进行临摹之后，孩子会很快就能认得字母。对孩子而言，触觉经验对他们的发展与成长有很大的帮助。

孩子在5岁半到6岁时，语言的敏感期就会慢慢消退。在这之前学习书写能让孩子感兴趣，并且着迷，而到了八九岁孩子便没有了学习书写的热情。

为了使孩子对一个单词的解释更加直观方便，假设一个单词恰好指孩子面前的一个物体，那就将这个物体放到孩子眼前。

教育孩子以一种优雅而有礼貌的方式来给同伴玩具，并且一定要鞠躬。这种方式消除了任何等级观念，并且唤起了一种对人的慈悲心。

如果教授阅读的目的是让孩子能够接受一种观念，那就必须开展默读，而不能发出声音。

蒙氏养育指导

□ 读与写这两项技能是学习其他科目的基础。

□ 在幼儿语言发展过程中，要根据感知概念提供学习语言的相关材料。

□ 先让孩子知道每个字母都对应一个声音，然后根据字母的读音用活动的字母将单词拼出来。这种将字母与读音结合起来的教学方式，在孩子的语言敏感期特别有效。

□ 如果教授阅读的目的是让孩子能够接受一种观念，那就必须开展默读，而不能发出声音。

□ 将数学的3种形式全部教给孩子的“三合一”教学方式非常有效。

□ 孩子对高度准确性的活动很感兴趣，而且越复杂就越感兴趣。

□ 栽培植物最能培养孩子对大自然的情感。

第3章

儿童意志力的培养

MONTESSORI BRINGING UP
YOUR 6 YEARS OLD
CHILD

在影响儿童才能发挥的众多因素中，真正持续起作用的就是意志。

·1·

儿童应该有自己的意志

当儿童从众多物品中选出他们喜爱的东西时；当他们从餐柜中取出某样食品，然后又把它放回原处或让给其他伙伴时；当他们期待已久的某些玩具正被别人占用而自己只好在旁边耐心等待时；当他们一边专心致志地进行练习，一边纠正教材里的错误时；当他们一动不动地待在座位上，直到听见自己的名字被叫才站起来，而且还要小心翼翼，不让自己的脚碰到桌椅发出声响时，儿童的这些表现处处体现着他们的“意志”。

下面让我们对意志的相关因素进行一下分析吧！

儿童的意志是厘清混乱的基础

在影响儿童才能发挥的众多因素中，真正持续起作用的就是意志。假若不让条理性和清晰性在头脑中生根，而是让孩子的思维处于一片混乱之中，尤其是让他们去背诵一堆课文，这都只会妨碍孩子的成长，妨碍孩子们自己做出决定，那么他们的意志就无法得到发展。采用这种方式的老师还为自己辩解说：“孩子不应当有自己的意志。”在发表这样的言论时，这些老师倒是诚实的，因为他们在教育孩子的时候，从来就没有考虑过孩子们发自内心的“我想要”的要求。这样的教育将带来不堪设想的后果，他们其实是在妨碍孩子初期的意志发展。这种氛围使孩子们感受到有一种力量在控制他们的行为，这让他们变得胆小，甚至在没有得到他们依赖的人同意和帮助的时候，连一点儿承担责任的勇气都没有。

一次，一位女士故意问一个孩子：“樱桃是什么颜色的？”那个孩子本来知道樱桃是红色，可让人想不到的是，这个提问让这个胆小的孩子非常紧张。他犹豫而惶恐，不知怎样回答才好，最后他只是喃喃地说：“我去问老师。”

一个人身上最重要的一种机能就是为做决定而准备的意志机能。它非常有价值，一定要把它建立起来，并不断强化它。病理学进行了一定的揭示，这种意志机能与意志的其他因素有很大差别，它像是支柱，支撑着人的人格。

意志体现在行动中

意志的所有外在表现都体现在行动之中，不管人们采取什么行动，如行走、工作、说话、写作，或是睁眼注视、紧闭双目来避开某种事物，他们都被动机控制着。另外，意志还能够抑制某些行为，比如，它能够抑制我们由于愤怒而产生的冲动，制止我们抢走别人手里的东西的欲望。这些都是自愿的行为。所以，意志不仅可以抑制简单的冲动行为，还会对行为进行理智的引导。

如果不体现在行动中，意志就无法表现出来。例如，一个人想做好事却犹豫不决；想戴罪立功又不付出行动；想外出访问或致信亲友，却什么都没有做，他就没有完成有意志的行为。事情只是停留于想象或空有愿望是不够的，一切都要体现在行动上，而且意志表现的关键就在于行动。生命的意志有多强，行动就有多大的力量。我们的一切行为都是冲动和抑制两种力量相互制约的结果。在两种力量的共同作用下，我们的行为就会经过不断的反复而成为习惯性的或无意识的举动。

意志力能抑制冲动

事实就是这样。比如，当我们评价一个人的行为举止有教养时，他的一切习惯性行为都属于意志力起作用的情况。我们或许会在一时冲动下想去拜访某位朋友，然而当意识到这一天不是他的接待日而可能会打扰他时，我们就会放弃这种行动。当我们舒服地坐在起居室的角落里时，一位德高望重的女士走了进来，我们会马上自觉地站起身，向她鞠躬或者跟她握手。

我们的行为并不只是被冲动所支配的，它们还体现着我们的礼貌和教养。一方面，如果没有冲动，我们就不会参与任何社交活动；另一方面，如果没有抑制力，我们就不能修正、引导、利用我们的冲动。

正是这两种截然相反的力量之间的协调与平衡，训练和培养出了我们的习惯。形成了这些习惯，我们在做事情的时候，就不必下很大的决心去努力，也不必用推理或知识去完成它们。它们几乎成了一种行为习惯。当然，我们这里所说的不是由本能所引起的行为，而是一种习得的习惯性行动。

我们身边有一些人，他们在成长的过程中，并没有接受过要遵守某些规则的教育，而只是笼统地了解了一些关于纪律方面的知识。所以，他们经常不可避免地犯下一些严重的过失，在平时更是不断地出现过错。因为他们是被迫要在某时某地执行某项行动的命令，并且他们一直处于警觉和意识的控制之下，这需要长期不断的努力。这跟那些风度高雅的人的习惯是完全不一样的。对于后一种人来说，意志会在意识之外或在意识的边缘持续不断地予以努力，来促使意识进行新的发现和做出更大的努力。

意志品质是内在个性和谐的基础

需要在此加以区分的是，那种在潜意识里就能采取正确行动的人，并不是我们所说的“有意志的人”。我们要培养的是一个人的基本品质，人们之间的关系和整个社会的大厦就建立在这个基础之上，一个社会正是靠一代代人坚忍不拔的努力才能够传承下去。

这种品质是一个人内在个性和谐的基础。如果没有它，人的躯体就会被分离成单个细胞，就像一串处于混乱状态的不连贯插曲一样，而不会成为相互连贯的有机体。这个基本品质体现着一个人的思维和情感脉络，即这个人的整体个性，也就是我们所说的“性格”。一个有性格的人才会坚定不移，成为忠于自己的言行、信念和情感的人。正是这些人坚持不懈地工作，才创造出巨大的社会价值。

任何一个堕落的人，在他萌发犯罪动机、背叛自己的情感之前，在他失足甚至放弃高尚的信仰之前，通常会表现出懒惰或无法持之以恒的特点。一个原本忠厚老实、举止得体的人，在显露出暴力动机、行为失常或神志不清之前，总有一种征兆，那就是不再乐于把精力投注在工作上。人们常常习惯性地认为，勤劳的姑娘会成为贤惠的妻子，一个好工人通常应该忠厚老实，能给妻子带来幸福。这里所说的“好”，不是指他们的能力，而是一种坚持不懈、不屈不挠的精神。

比如，一个在制作小工艺品方面技艺高超但工作时缺乏意志的冒牌艺术家，不会让人们觉得他有什么了不起。在人们眼里，他无法兴家立业，不能成为一个称职的丈夫、父亲，而且还有可能给社会造成危害。跟这个人形成鲜明对比的是，一个最谦卑、虔诚地进行工作的手工业者，他的内心具备创造幸福和宁静生活的所有要素，就像人们所称赞的那样，这个人是一个有个性的人，一个能够征服世界的人。

如果一个孩子在自己的精神生活中建立起一种内在的秩序与平衡，使自身的个性得到成长，并在这一工作中表现出坚持不懈的性格，那他一定能像成人一样为集体创造利益。这个孩子会全神贯注、废寝忘食地训练自己，不断努力使自己成为一个坚忍不拔的人，一个有个性的人，一个具备人类各种优秀品质的人。他的所有这些努力会让他最终获得一个成功者的基本特征：坚持不懈地工作。只要孩子能做到这一点，不论他选择什么样的工作，他都能做得同样好。因为真正有价值的不是工作本身，工作只是一个培养和充实内心世界的方法。

有些人为了让孩子做一些成人觉得重要的事情而去打扰孩子的工作，有些人认为地理对提高孩子的修养很重要，就不让孩子去学算术。这些人混淆了目的和手段的关系，他们为了虚荣而毁了孩子。一个人需要指导，这不只是因为他的修养需要得到提高，更因为这是他作为一个人的自我需要。

一个人身上最重要的一种机能就是为做决定而准备的意志机能。它非常有价值，一定要把它建立起来，并不断强化它。

我们应该让孩子和其他小朋友一起活动，在日常生活中训练他们的意志。

·2·

在自由交往中训练意志

尽早引导儿童积极地沟通

和成人相比，儿童的小生命发展得还不平衡，他们易冲动，而且不得不吞下由此产生的苦果，他们有时还会屈服于抑制力。在他们身上，意志的两种截然不同的力量尚未融为一体，来帮他们塑造出一种新的个性。直到心理萌芽时期，这两种因素还是处于分离状态。但是，我们不能放弃这种努力，因为这种“融合”与“适应”是必然要发生的，而且会在潜意识中发挥支持的作用。

我们应该尽早引发儿童这种积极的行为，因为它们是人最基本的发展。要注意的是，我们的目的不是把孩子培养成早熟的“小绅士”，而是促使他们锻炼自己的意志，更早地建立起抑制和冲动之间的和谐关系。因此，我们应该让孩子和其他小朋友一起活动，在日常生活中训练他们的意志，让他们专心致志地进行某项任务，抛开其他跟完成这项任务没有关系的活动。让他们选择自己能力范围内的肌肉协调活动，然后坚持进行练习，直到这种协调动作成为一种习惯。当孩子学会尊重别人的工作时；当他们耐心地等待想要的东西，而不是从别人手中抢夺时；当他们到处走动，既不会撞倒伙伴，也不会踩到他们的脚或将桌子弄翻时，他们就正在进行自身意志的锻炼，努力使冲动和抑制的力量趋于平衡。这种态度的养成就是在为孩子融入社会生活进行准备。

相反，假如我们只是让孩子一动不动地并肩呆坐在那里，他们彼此之间就不可能建立起应有的联系，儿童的社会生活也无法得到发展。

只有在自由交往的过程中，让孩子们进行相互适应的训练，他们才能够建立起社会化的习惯。一味地向他们说教，告诉他们应当做什么，无法达到培养他们意志的目的。要使孩子形成优雅大方的举止，不能只靠向他们灌输“礼貌观念”或者“权利与义务观念”，就像我们不可能只通过跟一位专心致志的学生讲述钢琴演奏的指法，就能让他弹出贝多芬的奏鸣曲一样。在一切类似的活动中，要使儿童发展“成型”，最基本的一点就是要训练他们的意志力。

通过练习来锻炼意志力

就像其他活动一样，意志力也需要通过练习来发展。有关孩子意志力的练习，既是精神性的，也是实践性的。

在一般人看来，孩子们似乎通过学习动作的优雅和准确，去完善自己的感觉，去学习如何进行写字和阅读。但更深刻的含义在于，孩子们同时也在学习如何成为自己的主人，如何成为一个拥有敏捷思维和坚强意志的人。

孩子从来没有时间和机会去测试自己，去估计自己的力量和极限，因为他总被成人的暴政所打断。他对于不公正也变得无能为力，因为他总因为没有按照大人的意志行事而受到严厉批评。

成人经常听到孩子们的意志应当被“破坏掉”，对于意志最好的训练，就是要让孩子学会服从成人的意志。先不管这一不公正问题的粗暴根源，这一概念本身就没有道理，因为孩子不可能放弃他已经拥有的东西。通过这种方式，成人阻碍了孩子形成自己的意志力，犯了对孩子教育最不可容忍的错误。

所有这些，会导致儿童在幼小的心灵里播下胆小怯懦的种子，意志力得不到发展。成人这种经常性的有意无意的责骂，会造成病态后果，导致儿童说谎，而成人却将这种错误方法造成的恶果，当成是儿童期的天性，这就毁了孩子的一生。

“儿童之家”的孩子从来不胆小怯懦。他们最吸引人的品质就是可贵的坦率，以这种坦率来对待他人，在他人在场的情况下从容做事，将自己的作品毫无保留地给别人看，赢得人们的喜爱。比较而言，我们看到，那些心理发展不良、受压抑和胆怯的孩子，只在和自己的玩伴或街上的小朋友在一起时，才表现出这种轻松，因为他的意志力没有得到充分发展。“儿童之家”压根就没有这种孩子。不善待孩子这一现象，代表了成人的无知和残暴，就好像将孩子们的身体，人工压制成“小矮人”。这无比可怕而残暴，像博物馆里的怪物一样。这正是很多没有受到良好教育的孩子，精神成长所受到的对待。

最大危险就是孩子缺乏健康的个性，这种状况正是由错误教育方法造成的，是因为没有上学的孩子与学生处于一种被奴役状态。在这种情况下，没有上学的孩子与学生的意志力、个性受到压抑。针对这种情况，最简单的办法，在于重新赋予没有上学的孩子与学生人性的发展。

除了发展孩子意志力的练习外，服从的另一个因素是执行服从能力。我的学生安娜·马切洛尼，她一开始在米兰的学校里，后来到了罗马的维亚·古斯蒂学校，她所做的最有趣的观察——将孩子的服从和“知道怎样服从”联系起来。

一旦孩子个性开始形成，服从就表现为一种潜在本能。比如，孩子开始尝试某些练习，突然某一时刻，他非常好地完成了这个练习。孩子会很高兴地看着，希望再来一遍，有时这种重复并不成功。

外部命令和自觉行为的结果并不总相同。当练习总成功，具有绝对确定性，那么无论来自其他人的外部命令，还是自觉行为，就总能在孩子身上激起相同的正确行为。孩子在重复时会出现这样一种情况：如果在别人要求下进行，那就会出现错误；如果孩子自愿进行，那练习几乎每次都能成功。这也就是说，孩子每一次都能执行接受的命令。这种心理发展事实（依据少儿个体会存在差异）对于那些具备与孩子相处经验的个人来说非常明显。

孩子常如此表达："我确实可以做这事情，可现在不行了。"而这时对学生的无能而感到失望的老师就会感叹："那个孩子确实可以做得很好，但现在他不能。"

孩子的发展，最终存在着完善期，在这期间，孩子们永久性地获得了执行某种操作的能力。在此之前，发展存在着三个阶段：

第一阶段：潜意识阶段

在孩子头脑中，有序通过一种神秘的内部冲动，在无序中创造自己，表现出一种外在行为结果。这种行为不属于意识领域，因而不能够随心所欲进行重复。

第二阶段：意识阶段

这时出现了一些具备意识性的行为，这些行为出现在建立和发展行为动作的过程中。

第三阶段：意志指引并产生动作

到此阶段，孩子就能够对其他人的命令做出回应。

同样，服从也遵循着相同的顺序：

第一阶段：精神混乱阶段

孩子不服从任何事物和人，好像他们是心智上的聋子一样，他们听不进任何命令。

第二阶段：孩子愿意服从

孩子看上去似乎理解了命令，并能做出回应，但实际情况却不是这样，至少不是总能成功地理解并回应。孩子们的反应并不迅速，在执行时也没有任何快乐。

第三阶段：孩子对服从反应迅速，充满热情

幼儿在练习中越来越熟练，对于自己知道如何服从而倍感骄傲。在这一阶段，孩子们非常高兴地服从，对于只要使他感兴趣的哪怕是最细微的要求，也会立刻执行，因为这样他就可以脱离生活的孤独，通过服从这种行为进入其他人的精神世界中，掌握人性的团队精神。

所有这些纪律现象和精神发展，都要归因于有序，而这种有序从最开始的紊乱中，建立起一种意识，它开创了一个人性的新时代。幼儿的成长，头脑从混乱进入有序，好比“将黑夜和白天截然分开”那样，这时就出现了个体的情绪和精神，让人想起《圣经》当中的创世记的故事。在孩子的头脑中，不但有自己努力所获得的，还有精神生活中的天赋：和蔼、慈爱和对正义的无比热爱。这些天赋散发出儿童心灵的本真芳香，结出圣保罗所许诺的“精神果实”——爱，欢乐，和平，忍耐，善，忠诚和温顺。

这些孩子品德高尚，他们在不断重复的练习中，锻炼了自身的耐心；在顺从他人的命令时，锻炼了自己的忍耐；在与其他人没有嫉妒和竞争的和平共处中，锻炼了人性的善。

他们以一种快乐心境与平和的心态来行善。孩子表现出令人惊奇的勤奋，而对自身的正义，他们却并不会表示出骄傲，他们并没有将这种道德获得当成一种自身的优越。他们正走在通向正直的道路上，仅因这是实现真正的自我发展和学习的唯一途径；他们享受着沿途收获的淳朴心灵以及祥和的可爱果实。

有一种间接的纪律形式，即孩子们合理组织“工作”和自由，用来代替老师的批评和说教。在这里，包含着一种从小开始的生活概念，这一概念在宗教中，要比在教育学中更加普遍，因为这种概念作为人类的精神力量与心灵价值，是建立在“工作”和自由这两条所有人取得进步的道路上的。

儿童的服从意识是逐渐发展起来的，是在心理逐渐成熟的过程中以一种自然的、不期而至的方式出现的。

一旦孩子从被监视的状态中解脱出来，按照自己的意愿进行自由的行动时，有规则的训练就会让他们在过分好动和过分向压力屈服之间找到一种平衡。

·3·

学会平衡冲动和抑制

冲动和抑制的平衡

在儿童的早期教育中，为了培养他们的个性，调动所有有用机制的做法是很有意义的。就像运动一样，让孩子做做体操是很有必要的。大家都知道，没有经过锻炼的肌肉无法完成那些需要肌肉力量的运动，这样的机体是有缺陷的。一个肌肉无力的人是不愿进行各种活动的。可以说，为了保持心理活动的能动性，在心理方面进行类似的体操训练也是很有必要的。

对于一个意志薄弱甚至丧失意志的孩子来说，要适应一所让所有孩子都呆呆地坐着听讲或假装在听讲的学校，是很容易的。但是，这类孩子的结局常常令人同情。虽然学校在他们的通知单上写着“表现出色，学习进步”的评语，老师总是用“乖孩子”来夸赞他们，但他们中有些人却不得不到医院接受神经紊乱方面的治疗。结果就是，这些孩子只好在不受任何干扰的情况下沉浸于虚弱之中，就像被流沙吞没一样。

与之对应的是，那些生性好动的孩子却被视为“制造混乱的人”，被称作“调皮鬼”。如果我们要研究他们调皮的性格，他们身边的人就会不约而同地说：“他们总是安静不下来。”他们的好动还会被进一步具体化为“侵犯其他同学”。而他们的“侵犯”其实往往是这样：想尽办法让处于静止状态的同学激动起来，然后融入他们的队伍。

另一个极端表现是受抑制力支配的孩子。他们常常极为害羞，回答问题时也犹豫不决，即使在一些外部刺激的作用下，他们能够回答问题，也总是声音很小，有时回答完问题后竟然会哭出来。

对于上述3种孩子，我们应该对他们进行参与自由活动的必要训练。当一个意志薄弱的孩子看到其他孩子不断地进行着有趣的活动时，他就会得到最有益的刺激。

在冲动和抑制之间找到平衡点

一旦孩子从被监视的状态中解脱出来，按照自己的意愿进行自由的行动时，有规则的训练就会让他们在过分好动和过分向压力屈服之间找到一种平衡。这也是解放人类的重要方式。它让弱者拥有力量，让强者获得完善。

如何在冲动和抑制之间找到平衡点，这是病理学一直在研究的一个常见又有趣的问题。我们在正常人身上也经常能发现这样的情况，只是程度没有那么严重罢了。但它也像我们在教育中遇到的各种不足和缺陷一样，已经达到了极其普遍的程度。

冲动能让罪犯做出伤害别人的举动，也会令正常人总是做出轻率的行为，然后再因为它造成的痛苦而后悔。很多时候，容易冲动会给正常人带来极大的危害，让他们的事业遭受损失，让他们的才能无法施展。

一个人如果被病理学家诊断为自己抑制力的牺牲品，那他就更加不幸了。有时候，即使他静止不动，保持着安静的状态，内心也充满了对活动的向往。那种得不到满足的冲动会经常折磨这个人的灵魂。这种压抑会给他带来一种被活埋的恐怖感觉。他非常想得到医生的帮助，得到高尚灵魂的安抚，倾诉自己的不幸。而且，不知道有多少正常人曾经历过同样的痛苦。

本来，这些人在一生中有很多合适的机会可以展现自己的价值，但他们却没有这样做；本来，他们无数次想表达自己的真实情感，从而扭转困难的局面，可他们的心扉总是无法敞开，嘴也一直保持着沉默；本来，他们极为热烈地期盼着向某个能够理解他们、启发他们、安慰他们的高尚灵魂进行倾诉，而当他们面对自己所景仰的人时，却说不出一句话来。他们唯一感受到的是内心极度痛苦。尽管冲动在他们的意识深处催促着："说吧！说吧！"但抑制却像无法抵抗的自然力量一样无情地堵住了他们的嘴。

要治愈这种症状，没有别的方法，只有通过自由运动使他们慢慢改变，从而令冲动和抑制达到相互平衡。

对意志进行训练

要想让意志在身体有效完成任务的时候体现出它的价值，我们就要对意识进行一些训练，这对于培养我们行为的精确性是非常必要的。大家都知道，没进行过基本功的训练，我们就不可能会跳舞；没进行过手的动作训练，我们就不可能会弹奏钢琴。这些基本的动作协调运动以及理解力的培养一定要从婴儿时期就开始。在纯粹的生理作用的过程中，人体的肌肉并不是在以相同的方式进行运动，而是采用了两种毫不相同的方式。

比如，有的肌肉使胳膊得以伸展，有的肌肉可将它收回；有的肌肉可以使人蹲下，有的则可以使人站直。可以看出，这些肌肉所采取的行动常常具有对抗性的特点。而我们身体所展现的每一个动作都是这些具有对抗性的肌肉互相合作来实现的。在运动中，不同的肌肉通过合作发挥作用。正是通过各肌肉之间的这种合作，我们才能完成那些最了不起的动作，就是那种刚劲而有力、优美而大方、雅致而舒展的动作；它也使我们具有高雅的身体姿态，而且还可以创造出跟音乐旋律匹配的动作。

为了让这些具有对抗性的动作可以默契地配合，就要进行动作方面的训练。需要注意的是，当我们进行动作方面的训练时，必须要在具备了自然的动作协调能力之后才能够进行。此后，我们还可以进行一些运动和舞蹈等特殊动作的训练。如果你想让自己的动作协调起来，你就必须不断地对自己进行这些动作的训练。不管它是优雅大方、轻巧灵活的动作，还是充满生命力的动作，作为当事人，你都应该不断地进行训练。

在这里，意志理所当然能够起到作用，比如说，你会希望自己致力于运动、舞蹈、防身术或者参加比赛，等等。运动总是随意的，不管是最初为了“肌肉协调”而进行的运动，还是后来设计或创造的一些更加高级的协调技巧。简单地说，意志就像是一名指挥员，在指挥着一支有组织、有纪律、有技术的部队。

为了使孩子建立起能动性，人们都不会让孩子完全处在静止不动的状态中，更不会用胶布把他的四肢粘住，使他的肌肉萎缩甚至瘫痪。可是，我们也不能只向孩子讲述那些关于小丑、杂技演员、拳击冠军和摔跤运动员的故事，用那些来刺激他，使他产生模仿这些人的强烈愿望。很明显，这种行为是荒诞的。

事实上，我们还做着一些更加荒诞的事情。我们想要培养孩子的“意志”，而我们的行为往往取得适得其反的效果，或者是试图使它消除，或者把它“扼杀”，这必定会妨碍孩子的意志发展。我们总是用自己的意志去代替孩子的意志。我们还会按照自己的意志让孩子静止不动或者不断地走动。不仅这样，我们还为孩子做选择，为孩子做主。到了这样的地步，我们才能心满意足，还用充满教训的口吻说：“意志就是行动。”此外，我们还用寓言的模式向孩子们灌输一些英雄人物和意志坚强的伟人的故事，认为只要让他们模仿这些人的行为，他们就能够产生强烈的竞争意识，就能够创造出奇迹。

上小学一年级时，我遇到一位特别爱我们的“好”老师。她叮嘱我们坐在座位上，一动也不要动，她自己累得面色苍白，筋疲力尽，却还一直对我们不停地讲。为了激励我们，她让我们尽量去模仿那些杰出的女性，尤其是“女英雄”，还要求我们牢牢地记住这些人的生平。为了把我们教育得出人头地，她要求我们大量地阅读名人的传记，希望让我们觉得，成为女英雄并不是不可能实现的，因为这个世界上有那么多的女英雄。她所付出的所有努力都是要告诫我们：“你也应当努力地让自己出名！”“难道你不希望出名吗？”有一天，当有人这样问我的时候，我冷冷地回答说：“哦，不！我绝不会这样做。我关心孩子们的将来胜过一切，我不会再把其他人的传记列到课程表中。”

从世界各地来参加国际教育和心理会议的教育学家们曾经共同发出了下面的悲叹：年轻人“缺少个性”，这已经构成了对人类的极大威胁。但以我的观点来看，现在的问题并不是人类缺乏个性，而是学校摧残了孩子的身体，削弱了孩子的意志，我们需要采取的行动是解放他们，这样人们身上的潜力就能够得到发展。

儿童拥有一种可以控制自己内心活动的东西，这就是自我发展的潜能。

·4·

让儿童在潜能中发展自己的意志

儿童拥有发展意志的潜能

充满爱的热情和希望，常常容易让我们去庇护孩子，可这样对他们的成长并没有好处。难道孩子就没有能力拯救自己吗？有！孩子全心全意地爱着我们，用他们小小的心灵所具有的包容的热情感染着我们。不只是这样，他们还有一种可以控制自己内心活动的东西，这就是自我发展的潜能。

这种潜能会引导孩子去触摸某种东西，去熟悉这些东西。而我们是怎么做的呢？我们对孩子说："别碰！"孩子到处跑动，是为了可以走得更稳健，而我们却对孩子大吼："别跑！"孩子向我们提问题，是想要获得知识，可我们却会不耐烦地回绝孩子："别烦！"就像戏院包厢里的那位可爱的夫人对待阿尔费里一样，我们只是把孩子放在身边，看管着他，让他听话，给他几件他根本不喜欢的玩具。而他们的感觉也会像阿尔费里感到无聊后所想的一样：为什么我深爱的人想把我毁掉？为什么她要用任性来让我感到痛苦？难道这只是因为我爱她？!

所以，孩子如果要拯救自己，就一定要有像维托里奥·阿尔费里那样坚强的心。然而，孩子往往不具备这样的意志。我们常常发现不了孩子成了牺牲品，也意识不到我们在毁掉他们。我们凭借拥有的权力，用命令去要求他们这样做或那样做。我们一方面热切地期待着孩子能够长大成人，可另一方面我们却又不让他们成长。

很多父母在读维托里奥·阿尔费里的故事时可能会想，他们的孩子会更加有出息，因为他们的孩子不需要自己去设置障碍（比如剪头发、用绳子把自己捆在椅子上等）而抵制诱惑。他们希望孩子依靠一种精神力量来抵御诱惑。富于幻想的父亲肯定不会问自己：为了让孩子变得坚强，为了让儿子达到所谓的更高精神境界，他都做了什么事情。他很可能正是摧残儿子的意志，使儿子完全服从自己意志的人。世上没有父亲能够达到这种高度。

我呼吁，天下的父母和教育工作者们，不要阻碍儿童的发展，你们的主要任务是保护和指导儿童能力的发展。

儿童具有发展自身的强大潜能

孩子在学习过程中会感到疲劳，这是普遍的问题。我们通过对6岁以下孩子的观察，了解到了活生生的事实。在传统的教学模式中，孩子会很容易感觉疲惫，一旦孩子有了疲惫感，就很难再进行学习，所以早早就将孩子送入学校是一件让孩子痛苦的事情。这让爱护孩子的父母很难受，他们希望孩子只是玩耍、睡觉，不用再做其他事情。但孩子显然并不这样想。事实上，孩子痛恨这种作息模式，并以各种方式表达自己的不满。我们对3～6岁，甚至更小的孩子进行认真的观察，并没有发现他们在学习时出现疲惫，而是越学越兴奋。并不是所有的活动都会产生疲惫感，例如吃饭。吃饭的时候，人的上下颚、牙床、舌头会不停地运动，这个过程能给人带来能量，就像健身能给人带来活力一样，并不会让人产生疲惫感。事实上，心智的发展让孩子更有活力，更有力量，更健康，根本不会产生疲惫感。上帝赐给孩子强大的学习能力，让孩子能不断地接受新知识，但是传统的教育模式却让孩子在玩耍和睡觉中错过了学习和接受新知识、新能力的“敏感期”。孩子会不断学习，不断吸收新知识，不断地活动，如果真的没有什么东西可以吸收学习，就会通过玩玩具来满足。

有心理学家这样说，孩子是通过玩游戏来使自己进步、发展和完善的。孩子会不断吸收身边的所有信息，了解自己所处的环境，然后将过去与未来连接起来。孩子就是通过游戏与现实生活联系起来，在这一过程中，成人只需要观察，而不要去打扰他们，不需要提供帮助，让孩子自由自在地玩耍。可是，孩子通过玩玩具、堆沙堡这样的游戏就能认识复杂的现实世界，吸收如此众多的知识吗？一面说要在孩子的吸收期多与孩子沟通，而另一面却说不要打扰孩子，让孩子构建自己的知识体系和能力，这两种说法存在巨大的矛盾，应如何理解呢？

我认为正确的方法应该是，如果3～6岁的孩子真的能够自然、自觉地吸收知识，就应该抓住时机，将孩子放置在配备了合适设施和教具的环境中，让孩子进行探索，一点点吸收知识，并允许孩子模仿成人。这样的教学方式让3岁的孩子拥有趋向成熟的能力，并让孩子逐渐适应现实，适应当下的文化。我们不会用娃娃、玩具兵这类的玩偶去引诱孩子，我们能给孩子的不仅是玩具，还有有趣的教具。想知道孩子会更喜欢哪一种吗？当我们将蒙台梭利教具放在孩子面前时，他们争相取用，对这些教具的喜欢程度超出想象。孩子们长期被束缚的心灵，突然发现了能让自己成长发展的东西，简直就像一头饥饿的狮子吞食猎物一般，对这些能帮助自己成长的教具十分着迷。正是通过这样的方式，孩子渐渐开始学习，开始融入社会，并开始继承人类的文明。

了解了孩子存在的巨大能量对孩子、对整个人类的重要性后，我们意识到必须要认真仔细地观察孩子，以便找到更适合孩子成长的方式方法，帮助孩子更好地发展。我认为，与其相信玩具给孩子带来的魔力，不如相信孩子自身所拥有的巨大潜能。因此，我们必须研究出一种实用的教育方法，激发孩子的潜能，帮助孩子学会运用自身的这股巨大能量。

让儿童为道德建造一座“房屋”

一个人在琐碎的日常生活中对那些最微不足道的事情所做出的决定，将对他的行为逐步施加影响，并在那些反复进行的行为中不断增强自我指导能力，这些都是在为坚实个性的形成打基础。其间，道德就像一位中世纪身居在城堡里的公主一样居于我们体内。

显然，如果要“建造”一间供道德居住的“房屋”，我们还需要对身体进行适当的控制，比如不酗酒，到户外进行活动来恢复体力。当然还有比这些更加重要的，那就是为了使心理上的疲劳得到缓解，我们需要对意志进行不懈的训练。

当儿童通过自我教育，把那些复杂的、需要做出比较和判断的心理活动付诸行动的时候，他们一方面是以这样的方式获得了有一定条理的、明晰的智力，另一方面也会对他们的意志进行培养。这也是一门学问，它能帮助孩子们在不依赖别人意见的情况下形成自己的决定。掌握了这门学问，他们就可以以此来把握自己在日常生活中碰到的所有事情：对于想得到的东西，他们会自己决定可不可以去拿；他们会情不自禁地随着音乐翩翩起舞，来放松自己的身心；在他们想安静的时候，他们就会抑制所有想要运动的动机。这种坚持不懈地对个性进行培养的工作，都是通过决定从而付诸行动的。

由此，井井有条代替了最初的紊乱，整个生命就进入了一种自发的状态之中，怀疑和胆小也随着心理紊乱的消失而消失了。

本章小结

蒙氏养育观点

在影响儿童才能发挥的众多因素中，真正持续起作用的就是意志。生命的意志有多强，行动就有多大的力量。我们的一切行为都是冲动和抑制两种力量相互制约的结果。在两种力量的共同作用下，我们的行为就会经过不断的反复而成为习惯性的或无意识的举动。

我们应该让孩子和其他小朋友一起活动，在日常生活中训练他们的意志，让他们专心致志地进行某项任务，抛开其他跟完成这项任务没有关系的活动。

一个人在琐碎的日常生活中对那些最微不足道的事情所做出的决定，将对他的行为逐步施加影响，并在那些反复进行的行为中不断增强自我指导能力，这些都是在为坚实个性的形成打基础。

蒙氏养育指导

□让孩子选择自己能力范围内的肌肉协调活动，然后坚持进行练习，直到这种协调动作成为一种习惯。

□孩子是通过游戏与现实生活联系起来的。在这一过程中，成人只需要观察，而不要去打扰他们，也不需要提供帮助，让孩子自由自在地玩耍。

□孩子有一种可以控制自己内心活动的东西，它就是自我发展的潜能。

□只有通过自由运动使孩子逐渐改变，从而令冲动和抑制达到相互平衡。

□将孩子放置在配备了合适设施和教具的环境中，让孩子进行探索，一点点吸收知识，并容许孩子模仿成人。这样的教学方式让3岁的孩子拥有趋向成熟的能力。

□只有在自由交往的过程中，让孩子进行相互适应的训练，他们才能够建立起社会化的习惯。

第 4 章

儿童想象力的培养

MONTESSORI BRINGING UP
YOUR 6 YEARS OLD
CHILD

只要不是虚无缥缈的幻想，不是幻觉或错误，创造性的想象就能够在坚固的岩石上建造起金碧辉煌的宫殿，智力的开发就有了坚实的基础。

·1·

培养儿童的想象力

基于现实来培育想象力

现代人与古代人的一个最大的差别，就是现代人能在实证科学的基础上进行想象，而古代人却只能借幻想来预知世界。人类在认识上的这个进步，已经把整个世界的面貌大大改变了。

如果说现实是想象的真正基础，而一个人的感知能力跟他观察的精确程度有很大关系，那么培养儿童的想象力，使他们能够准确地感知周围事物，就显得非常重要了。另外，让他们在规定的范围内进行推论，对他们进行区别不同事物的智力训练，就为他们构建想象力打下了坚实的基础。这个基础打得越牢，他们的想象就跟某种具体形式联系得越紧密，也就越能同独立的意象建立起符合逻辑的关联。那些夸张或粗糙的幻想不能让儿童走上正轨。我们只有做好充分的准备，才能开掘出一条壮阔澎湃的江河，让智慧的泉水在其中激荡。只有这样，它所涌出的泉水才不会泛滥，才不会损害它内在的美好秩序。

在培养儿童想象力的时候，我们一定不要阻止他们自发进行的那些活动。虽然这类活动有时候会显得微不足道，但我们要做的就是“等待”。我们不要自欺欺人，以为自己可以“创造智能”。这就像我们只能观察和等待小草萌芽和微生物自然裂变一样。除了观察和等待，我们最好什么也不要去做。

我们一定要记住：只要不是虚无缥缈的幻想，不是幻觉或错误，创造性的想象就能够在坚固的岩石上建造起金碧辉煌的宫殿，智力的开发就有了坚实的基础。

我们到底为儿童做了什么

孩子慢慢地长大，我们应该问问自己："在孩子成熟的过程中，我们究竟做了些什么？我们为他们脆弱的灵魂送去了什么样的帮助？我们让他们成为正直坚强的人了吗？"没有！事实上，我们在运用种种方法令孩子保持幼稚、天真和充满幻想，反而是孩子自己克服了困难。他们既战胜了自己，也战胜了我们。他们在自身内在发展与成熟的动力指引下行动，动力趋向哪里，他们就到达哪里。他们甚至可能还要对我们说："你们把我们折腾得真辛苦啊！我们自己成长的任务就已经相当艰巨了，你们还要来压制我们！"事实不就是这样的吗？

比如，要婴儿紧咬牙关，这样牙齿就长不出来，而我们把没有牙齿视为婴儿的特征。再比如，不让婴儿站起来，因为我们觉得婴儿就是不能站立的。还有，我们甚至让孩子们那贫乏的、不准确的语言阶段变长了。我们没有去帮助他们聆听词语的清晰发音，观察嘴唇的变化而反倒去模仿孩子的幼稚语言，重复他们的一些笨拙的发音，比如，大着舌头发辅音或者把辅音发错。这样做会带来非常严重的后果，它相当于延缓了孩子本来就极其艰难的形成期，让他们又退回到疲惫的婴儿状态。

不仅这样，在想象力的教育上，我们也扮演了同样的角色。

当头脑幼稚的孩子还处在幻想、无知和错误的状态时，我们往往对他们很感兴趣。比如，我们看到婴儿被抛起时就非常高兴，还有当我们给孩子讲述的圣诞故事获得了他们的轻信，我们就觉得很有成就感。我们就像贵妇人一样，表面上好像对收容所里那些贫穷的孩子很关注，内心却是另外一种声音："如果没有这些可怜的孩子，怎么显得出我们生活的愉快。"我们也可以说相似的话："如果孩子们不再轻信，我们的生活会缺少很多乐趣！"

我们只是为了自己高兴，就人为地阻止了儿童的一个发展阶段，这样做是犯罪。这就像在那些野蛮的国家，有些人的身体成长受到了人为的限制，被迫成为供国王娱乐的侏儒。

可能有人会觉得这样的比喻有些耸人听闻，然而事实就是这样的，只是我们没有意识到罢了。如果成人能控制自己，不再人为地让儿童的幼稚期延长，还给他们自由自在的成长环境，而且称赞他们在成长道路上所取得的每一个进步和奇迹，我们就为儿童的发展和完善做出了贡献。

孩子应该先有内心活动的创造，然后才能把它表达出来。

·2·

给儿童想象的空间

给儿童自由发展的空间

我们可以从最贫穷的孩子开始进行这一项工作。因为他们一无所有，这样的孩子热切盼望的正是他们最不可能得到的。这就像穷困潦倒的人希望腰缠万贯，受压迫的人梦想登上王位一样。因此，一旦这种处境中的孩子有了属于自己的房间、扫帚、橡皮、陶器、肥皂、梳妆台和家具等，他们就会非常高兴地照看这些东西。而且，在得到这些他们期待已久的东西后，他们的欲望就会变弱，过上一种平静的、使自己内心丰富的生活。

有了真实的财富，孩子才会平静下来，这样能够减少他们在无益的幻想中消耗的宝贵精力。一位根据我说的方法去做的孤儿院老师曾经请我去参观孩子实际生活训练的过程。我去了，同去的还有一些教育界的权威人士。当我们到了现场，一些孩子拿着玩具，坐在小桌子旁，正在给玩具娃娃摆放桌子，为娃娃吃饭做准备。可是，我发现孩子们面无表情。当我惊讶地看着那位邀请我来的老师时，她竟然一点儿也没有察觉到。很明显，在她眼里，假想的生活与实际的生活是一回事，孩子们在游戏中摆弄桌子吃饭与现实生活没有什么差别。这种在孩提时代灌输给儿童的错误认识，会渐渐发展成为他们的一种精神态度。

一个满足于假想的人，会把假想的东西当成真实的存在，他总是追求幻想，不愿承认现实。这种现象非常普遍，而更可怕的是，人们竟然还没有意识到。实际上，想象力总是存在的，不管它是不是建立在坚实的基础之上，是不是有构筑起来的材料。而差别就在于，如果想象力没有建立在现实和真理的基础上，它就会成为阻碍智力发展、遮蔽真理之光的消极力量。

正是因为这个错误，人类已经并正在失去多少时间和精力啊！没有事实作为支撑的想象，就像没有目的的工作一样，它让人消耗体力直到病倒，消耗智力直到着魔。

警惕压抑的环境

多数情况下，学校是一个呆板、阴沉的地方。灰白色的墙壁、白棉布的窗帘，都会影响学生感官的放松。学校打造这种压抑环境的目的，就是为了让学生聚精会神地听老师讲课，避免他们因为外界的刺激而不能集中注意力。每天，孩子们就这样一小时接一小时地在教室里静静地坐着，一动不动地听老师讲课。他们在画画时只能照葫芦画瓢地模仿，他们进行的活动必须遵照别人的指令，对他们个性的评定完全根据他们的服从程度。

正如克拉伯雷迪所说："我们的教育在用一大堆对孩子行为没有丝毫指导意义的知识来压迫他们。在他们已经没有心思听讲的时候，我们还要强迫他们去听；在他们已经无话可说的时候，我们还要强迫他们进行作文与演讲；在他们已经失去好奇心的时候，我们还要强迫他们去观察；在他们已经不想再去发现的时候，我们还要强迫他们去推理、论证。我们总是强迫他们做这做那，但是却从不征得他们的同意。"

当孩子用眼睛阅读、用手写字、用耳朵听老师讲课的时候，他们就像受苦役一样。他们的身子坐在那儿一动不动，可他们的脑子却没有进行认真的思考。他们不得不一个劲地跟着老师的思路转，虽然老师的依据是教学大纲，但是这些教学大纲只不过是随意设计出来的，没有考虑到孩子的兴趣。于是，那些漂浮不定的意象就只能像梦境一样，时不时地呈现在孩子的眼前。老师在黑板上画一个三角形，然后把它擦掉。这个三角形只是暂时代表一个抽象概念的视觉形象。那些从没有亲手拿过实体三角形的孩子就必须努力记住三角形的形状。

在孩子能发现事物之间的逻辑联系之前，对他们的思维要多加训练。围绕着这个三角形，许多抽象的几何计算又接二连三地到来。这样的图形只会使孩子一无所获。它不能同其他事物相结合而被感知，它永远无法成为灵感。

孩子应该先有内心活动的创造，然后才能把它表达出来。为了创造，他们需要自然地从外部世界吸取“建筑材料”。在他们能够发现事物之间的逻辑联系之前，对他们的思维要多加训练。我们一定要为孩子提供他们内心生活所必需的东西，然后让他们自由地进行创造。只有这样，我们才会看到一个双眼闪烁光芒，边走边思考，充满灵气的儿童。

我们必须关心和爱护做出这样努力的孩子。如果创造性的想象力姗姗来迟，那说明孩子的智力还没有发育成熟。这时候，我们不能强迫孩子进行想象的创造，那样做就等于给孩子戴上了一副假胡子，而实际上，男孩到了20岁才会长出真正的胡子。

孩子没有足够的经验，也不具备现实的知识，所以还不能准确分辨真理与谬误、美丽与丑恶、能与不能。

·3·

想象力不等于幻想

科学的创造性想象以现实为基础。如果在一个世纪前，我们就对那些坐马车赶路的人和那些使用油灯的人说：有一天，纽约市的夜晚会灯火辉煌；人们在海上遇到危险的时候，可以发出陆地上的人所能理解的求救信号；人们能够在空中飞翔，甚至比鹰飞得还要快……我们的先辈们肯定会耻笑我们是在痴人说梦。

孩子容易陷入“幻想”

人们常常以为，想象力丰富是儿童的一大特点，所以我们应该用特殊的教育方法来挖掘他们特殊的天赋。还有些人觉得，儿童喜欢在不现实的、让人痴迷的世界中畅游，就像原始人那样，他们总是被动人、超自然、虚幻的东西所吸引。对于这一点，我们要指出的是，其实在任何情况下，这种原始状态都是暂时的，它终将被其他状态所取代。教育孩子应该帮助他们改善这种状态，而不要延伸或发展这种状态，也不要保持这种状态。

我们的确能在孩子身上发现一些跟原始人类相似的特征。比如，在语言方面，他们的表达十分简单，只知道一些表示具体意思的词汇；他们使用词语非常笼统，一个单词常常被用来表达几个目的或者表示几件东西。但是，我们不能人为地限制他们，或者刻意让他们加快速度，过早度过“史前期”。

我们的孩子跟那些永远停留在虚幻状态的人不同，他们属于完全相反的一种类型。他们对伟大的艺术作品非常感兴趣，对科学文明充满热情，他们沉浸在富有丰富想象力的作品中，我们应该为孩子智慧的形成创造有利的环境。在智力的发展尚不明朗的阶段，儿童自然很容易被那些奇妙的幻想所吸引。我们不能否定他们。孩子是我们的未来，他们应该超越前人。为此，我们不要过分限制孩子想象力的发展。

不能以轻信为基础培养孩子的幻想

成人发展儿童想象力的时候，总想运用一种让孩子把虚幻当成现实来接受的方法。比如，在拉丁语国家，成人是这样给孩子讲圣诞节的故事的：一位名叫比瓦娜的丑女人翻过围墙，从烟囱钻到了屋子里，她把玩具送给那些听话的孩子，而淘气的孩子就只能得到煤块了。盎格鲁—撒克逊族人把圣诞节的故事讲述成另外一种情景：一位全身落满白雪的老人挎着一大篮子玩具。到了夜里，他就进入孩子的房间，把玩具发给睡梦中的孩子。这种方法怎么能培养起孩子的想象力呢？故事所表现的是我们的想象力，而不是孩子的想象。他们只是相信而已，这里并没有想象的空间。我们会这样对待孩子，就是因为我们只需要孩子轻信我们。

轻信的确是那些还没有成熟的头脑的一个特征。孩子没有足够的经验，也不具备现实的知识，所以还不能准确分辨真理与谬误、美丽与丑恶、能与不能。可是，难道我们成人因为他们处在无知、不成熟的年龄阶段，就企图在他们身上培养轻信吗？这是完全错误的。

仔细想一想，我们成人也有轻信的毛病，这是在跟智慧作对。它不是智慧的基础，更不是智慧的结果。只有在愚昧的状态下，轻信才会萌芽、增长。我们把愚昧看成轻信的标志。

在17世纪，有一个流行的故事，非常具有讽刺的意味。

那时候，巴黎的新桥是供人们行走的通道，也是人们休闲、集会的地方。于是，很多江湖骗子和庸医也混杂在那里。其中有一个江湖医生名叫马里奥罗，他在那里兜售一种号称来自中国的药膏。他向人们吹嘘说，这种药膏能够把眼睛变大，把嘴角变小，把短鼻子变长、长鼻子缩短。为此，当地的萨丁警长把这个江湖医生拘捕起来，并进行了审问。

“马里奥罗，你是怎么引来这么多人，进行招摇撞骗的呢？”

“先生，”马里奥罗回答道，“你知道一天当中会有多少人经过这座桥吗？”

“1万人吧！”警长回答。

“那么，先生，你有没有想过，他们当中又有多少是聪明人呢？”

“100个差不多吧。”警长说。

“这是最乐观的估计，”骗子对他说，“就算是这样吧，我还能够在剩下的9900个人中找到机会啊！”

当然，现在的情况可以说比那时候强多了，现在的聪明人比过去多，容易上当的人也少了。但更重要的是，教育不应该让人变得轻信，而应该带给人们智慧。谁要把教育建立在轻信的基础上，谁就是想在沙漠里建高楼大厦。

人们逐渐地积累经验，变得思想成熟，轻信就会随着慢慢消失。如果能得到正确的指导，人们就能远离轻信。大到国家，小到个人，随着文明的进步，人们必定会一点点降低轻信的程度。人们常说的“知识驱走了无知的黑暗”，就是这个意思。在无知的地方，幻想最容易飘摇不定，因为它缺少一种支柱，无法上升到更高层次的文明。难道我们要把轻信作为基础，来培养孩子的幻想吗？当然不是！我们不希望看到孩子总是那么轻易相信别人告诉他们的一切。

其实，当我们发现孩子“不再相信神话”的时候，我们会发自内心地高兴，还会为此称赞他们：“你已经不再是个孩子了。”这种情形本来就应该发生，它是我们共同的期待。孩子不再相信神话的日子一定会到来。

注意辨别想象能力和抽象能力

想象力和抽象能力是大脑的两种重要能力。凭借这些能力，大脑可以发掘出隐藏于事物表象之下的本质。而且，这两种能力对人的心理发育同样意义重大，对语言学习来说也必不可少。我们以精确的字母表为基础，根据一定的语法规则，就可以衍生得到无穷的词汇。因为只有以发音和语法规则为前提，才能通过词汇去丰富语言和增加语言的实用性。同理，大脑的构建规律跟语言构建的规律是一样的。

辨别事物的特性是很自然的事。即使没有接受过特殊的教育，人们也能注意到不同颜色和形态之间的差别。这其实是跟人类的思维方式联系在一起的。人脑既具有想象力，还能够对思想的内容进行整理和储存，从周围的事物中归纳提炼出“有特征的字母表”。这是在抽象思维的作用下完成的。创造“字母表”的人就将这种能力进行了发挥，因为构成每个单词的字母都来自于字母表。所以，“字母表”的系统是抽象的，而单词是口语的主要表现形式。一个不能展开想象和逻辑思维的人，是不够聪明的。这种人智力上缺少变化，而且受到某种特定行为方式的局限，这必然会阻碍他们的发展。

在日常的生活中，我们运用抽象思维的机会并不多，但我们总会接触各种各样的事物，抽象思维有助于我们把握这些事物的不同特征。准确地进行抽象思维就能体现出抽象思维的巨大价值。抽象思维对大脑的思维有着重大的影响。

当你评价一个人“非常聪明，但是思维不够有条理”时，你是觉得这个人的脑子里有很多想法，不过不能把它们有序地整理出来。也会有这样的评价——“这个人的思维像地图一样，严谨又精确，他的判断也非常准确”。我们由此而将有逻辑和条理的大脑称为“精确的大脑”。

最早提出这个说法的是法国哲学家、物理学家、数学家帕斯卡。人脑的精确性是与生俱来的，准确的观察会带给我们知识和发展。

人的大脑是想象力的基础，这其中也蕴含着一定的规律性。就像字母的发音和单词的编排规则是语言的基础一样。只要我们去研究一些著名的发明家的作品就会发现，在研究的初始阶段，他们的想法是有规律的。诗歌、音乐领域也是如此，它们同样依靠想象力来发展，也同样遵循自身的韵律和节奏规则。

所以，我们在教育的过程中应该牢记大脑的这两种能力，尽管它们对每种性格发展的影响程度可能不同，但这两种能力总是同时存在、和谐地发挥作用的。单方面发展想象力会打乱两者之间的平衡，阻碍儿童的正常生活。

本章小结

蒙氏养育观点

培养儿童的想象力，是他们能够准确地感知周围事物所必需的材料。让他们在规定的范围内进行推论，对他们进行区别不同事物的智力训练，就为他们构建想象力打下了坚实的基础。

如果成人能控制自己，不再人为地让儿童的幼稚期延长，还让他们自由自在地成长，而且称赞他们在成长道路上所取得的每一个进步和创造的每一个奇迹，我们就为儿童的发展和完善做出了贡献。

故事所表现的是成人的想象力，而不是孩子的想象。他们只是相信而已，这里并没有想象的空间。

一个满足于假想的人，会把假想的东西当成真实的存在，他总是追求幻想，不愿承认现实。没有事实作为支撑的想象，就像没有目的的工作一样，它让人消耗体力直到病倒，消耗智力直到着魔。

□ 像我们只能观察和等待小草萌芽和微生物自然裂变一样，除了观察和等待孩子自然地发展，我们最好什么也不要去做。

□ 有了真实的财富，孩子才会平静下来，这样能够减少他们在无益的幻想中消耗的宝贵精力。

□ 孩子应该先有内心活动的创造，然后才能把它表达出来。我们一定要为孩子们提供他们内心生活所必需的东西，然后让他们自由地进行创造。

□ 我们不能强迫孩子进行想象的创造，那样做就等于给孩子戴上了一副假胡子。

□ 当我们发现孩子“不再相信神话”的时候，我们会发自内心地高兴，还会为此称赞他们：“你已经不再是个孩子了。”

第5章

学会爱你的6岁孩子

MONTESSORI BRINGING UP

YOUR 6 YEARS OLD

CHILD

如果一个孩子在由大人控制的环境中长大，那么他的许多需求是无法得到满足的。

·1·

警惕成人对儿童的压制

儿童从出生那一刻开始，就受到成人的压制，更可怕的是，人们居然对此毫无察觉。即便在我们这样具有所谓先进文明的开化社会中，也由于复杂的社会礼教、成人对儿童行为的强制约束、成人刻意限制孩子的自我发展，致使儿童与成人的对立关系更趋恶化。

孩子的必要需求不只来自于身体方面，更重要的还有来自心理方面的。心理需求是否能够得到满足，对孩子今后智力和道德精神发展有着极为重要的影响。被比自己强大很多的大人压制着，孩子不仅不能够按照自己的意愿做事，而且还要被强迫去适应对自身不利的生活环境，而大人还总是天真地认为他们是在帮助孩子学会如何在社会上生活。然而，这些所谓的教学活动，全部采取了命令式的，有时甚至是暴力式的方法，以此来强迫儿童适应成人的生活世界。这些教学活动要求孩子必须完全服从大人的指示，这就等于否定了儿童作为一个独立个体的存在，对儿童来说是非常不公平的。儿童因此受到的身体和心理的打击和伤害，是任何一个成人都无法忍受的。

充满权威的成人世界

成人对儿童的权威态度深深植根于家庭之中，就算那些极受宠爱的儿童也不能免受大人的权威压制。在学校中，与家庭类似的强权教育则表现得更为严重。学校采取的有组织的强权行为致使孩子们提早去适应成人的世界，然而实际上，这种教育只是为了让孩子早些配合成人的生活。其实，学校里强制性的行为规范和严格的功课标准，都跟孩子本该无忧无虑的童年生活格格不入，给他们的日常生活带来种种危机。对于缺乏反抗能力的孩子来说，学校和家长这种权威式的管教方式毫无疑问是一股强势的压力。在这样的氛围下，孩子胆怯不安地发出了求救声，却好像也从没得到成人的关注。孩子希望有人能来听听他们的意见，可他们弱小的心灵却不断地碰壁、受伤。时间长了，孩子不仅会变得不愿意顺从，还有可能会变得不爱惜自己，任凭自己做出危险的举动。

如果我们要让孩子幸福快乐，就应当采取妥善并且人道的做法，那就是为孩子建立一个不再压制他们的学习环境。这个环境应该与孩子的性情相适合，让孩子可以在其中自由地发展。任何一项教育制度的推行，都一定要从建立一个能够保护儿童的环境做起。这个环境要能够保护儿童不被成人世界的种种危害影响其学习和成长；这个环境应该好像暴风雨中的避风港、沙漠中的绿洲一样，成为儿童心灵的寄托；这个环境应该时时刻刻都能确保孩子可以健康正常地发展。

儿童在成人世界受到压制，这是一个在全世界范围内普遍存在的社会问题。历史上受到强权压迫的人，比如奴隶、仆人和工人，都是弱势的群体，社会变革是他们翻身的唯一机会，除此之外别无他法，而社会变革通常发生在统治者和被压迫者之间进行较量之后。美国的南北战争废除了黑奴制度，法国大革命推翻了君主专制政体。但是，这些可怕的战争是成人用暴力来掩饰错误，是成人实施强制的手段。

有关儿童的社会问题，并不是单纯的阶级、种族、国家的问题。如果一个儿童只会在成人身旁扮演附属角色，他将无法懂得如何在社会环境里生存。成人只顾自身的利益而压制儿童的做法，破坏了社会的整体性，不管从哪个方面来看，孩子都将成为受害者。所有关心儿童福利的人达成了一个共识：儿童是最无辜的受害者。被当作成人附属品的儿童根本没有能力为自己争取权益。儿童受到的伤害直接而又深刻，他们特别需要社会给予同情和空间。社会上经常有些讨论，将不幸的孩子和幸运的孩子、出身贫困的孩子和生活富裕的孩子、被抛弃的孩子和受到宠爱的孩子进行比较。这些讨论的结果都一致表明，人与人之间的个性差别早在童年时期就已经形成了，而且一个人的童年经历对其成年之后的生活确实有着深远的影响。

受到成人压抑的儿童

弗洛伊德用“压抑”这个词来形容成人的一种根深蒂固的心理障碍。这个词本身已经清楚地说明了心理障碍产生的原因。

一个孩子之所以不能正常地成长和发展，很可能是由于受到了成人的压抑。“成人”这个词本身是很抽象的。实际上，由于儿童与社会是隔离的，当一个孩子受到成人的影响时，他就变成了一个特殊的成人，他的行为、举止就会与最亲近的人相似。这些能影响儿童的成人，通常是他们的父母或老师。

然而，社会却赋予了成人截然相反的使命：成人有权决定儿童的教育与发展。现在，当人类的思想积累到了一定的高度之后，我们才转而发现，过去那些被认为是人类的保护者、施救者的成人，其实应该受到控告。既然几乎所有的成人都扮演着母亲、父亲或监护人的角色，那就表示所有成人都应受到控告。对儿童负有不可推脱责任的社会也应同时接受审判。这一惊世骇俗的控告，就如同上帝神秘而令人畏惧的“最后的审判”一样，它意在给我们以警示：“你们究竟是如何对待我托付给你们的孩子的？”

成人对此的第一反应肯定是抗议和自我辩护：“我们已经尽了自己最大的努力，我们深爱着自己的子女，甚至为他们牺牲了自己的幸福。”

虽然成人表面上是在为自己辩护，其实在他们的内心深处也充满了矛盾。为自己辩解似乎已经成为成人的一种习惯，我们对此不感兴趣。我们感兴趣的是这个控告本身，而不是谁受到了控告。被告们虽然在照顾和教育孩子时尽心尽力，却还是发觉自己就像一直徘徊在没有出口的密林中，身陷困扰重重的迷宫之中，根本无力自拔。其实成人不知道，他们之所以会迷路都是自己造成的。

所有代表着儿童利益的人都应该对成人提出控告，并坚持不懈，直到胜利。

也许，这一控告会立刻引起人们浓厚的兴趣，因为它公开指控的并不是那些见不得人的错误，也不是那种让人感到丢脸、无能的错误，而是一种在无意识中犯下的过错。这种指控能使人们更深刻地了解自己，从而提升自己的精神境界。事实上，人类每一点真正的进步并不完全是因为发现和利用了未知的事物。

成人对儿童的阻碍

阻碍孩子的行动，就是在孩子人格建构的道路上设立了障碍。思想的产生是独立于行动的，而行动则能够听从他人的指挥，动作并不是只对某个精神作出反应。如果孩子人格建构遇到障碍，性格就会变脆弱，内心的不协调将削弱每个行动的效用。对于人类未来的发展来说，这是亟须重视的，也是家庭教育和学校教育应该深思的首要课题。孩子的精神要比一般人所认为的更高尚。经常使孩子感到痛苦的不是需要去做很多事，而是不得不做一些对他来说没有意义的事情。孩子感兴趣并愿意付出心力的，是那些与他的智力程度以及他作为一个人的尊严相符合的事。在全世界上千所学校里，我看见了许多孩子做出人们认为他们不可能做到的事情。孩子的表现，证明了他们可以长时间地做某件事而不感到疲累，证明他们可以专心到仿佛完全与世隔绝，这些也是孩子人格发展过程中的环节。在文化方面，孩子已经显现得非常早熟，才4岁半的孩子就已经学会怎样写字，而且会充满热情地享受其中的乐趣，于是我把孩子这一时期对于画与写的热衷称为“画写爆发”。

孩子小时候，在轻松、有趣的气氛下学习画和写，他们一点儿也不会觉得写字很累人，因为那是一种自发的活动。

看着这些健康、安静、天真的孩子，看着他们感情细腻、充满爱和欢乐、随时准备帮助别人的样子，我不禁要进行反思，人们过去对人类的根源施加了一些错误的做法，使得人们为此浪费了太多的精力。正是成人让孩子变得疑惑、叛逆，什么都不会做；是成人剥夺了孩子旺盛的精力，压抑了孩子独特的个性。成人急切地纠正孩子的错误、弥补孩子的心理缺失、完善孩子的性格缺陷，却不知道孩子的这一切问题都是由成人造成的。作为成人，我们发现自己在一个没有出口的迷阵当中迷失了，我们身陷在没有希望的挫败中。成人发现自己为问题满布的丛林所困扰，不知道该怎么做才好，只有等到可以勇敢地面对错误并且进行改正，问题才会消失。如果错误不改正，孩子长大成人以后又会成为同样错误的受害者，错误就这样一代又一代地传承下去。

在成人中进行彻底的变革

现在，要想不再像以前那样错误地对待儿童，把儿童从内心的冲突与危险的思想中解救出来，首先应该进行一场彻底的变革。这是一场翻天覆地的变革。这场变革必须在成人中进行。尽管成人宣称为了孩子他们已经竭尽所能，并以牺牲自己的幸福来成全对孩子的爱。但是，他们也不得不承认，他们的确遇到了难以克服的困难。为此，他们必须到现有的知识体系以外去找寻答案。

尽管对于儿童依然存在大量的未知，我们对于儿童的心理也并未完全了解，但我们必须努力去认识。我们必须怀着一种热情和牺牲精神去开掘这片未知的领域，就像那些怀揣着黄金梦想去海外寻找黄金的探险家一样。这是每一个想要探究儿童内心深处未知因素的成人必须要做的事情。不论国籍、种族和地位，所有的成人都应该参与进来，因为这是实现人类文明进步必不可少的要素。

成人至今也无法理解儿童，所以他们之间仍然存在着无法沟通和不断产生冲突的问题。掌握更多的知识或提高文化水平，并不能帮助成人解决这些问题。成人必须站在一个完全不同的角度，必须认识到自己无意犯下的过错。这些错误会妨碍他们真正理解儿童。如果成人没有做好纠正错误的准备，没有采取适宜的态度，他们就不可能进一步了解儿童。

反省并没有想象中那样困难。这就如同人们一提起药品就会联想到它能用来治病，一个关节脱臼的人必然希望得到复位一样，当一个人意识到自己犯的错误时，他就会感到有一种无形的力量正在逼迫自己去改正，因为一旦他弄清了错误的原委，就会无法再忍受之前的那种难以名状的、无助的痛苦了。

当一切步入正轨后，生活才能顺利进行。只要我们认识到，我们在过多地关注自己的同时的确忽视了儿童；只要我们相信，我们其实也能够完成那些本以为无法完成的事情，那时我们就会渴望去了解儿童的内心，并会发现他们的心理与成人的心理之间存在着巨大的差异。

在与儿童相处的过程中，成人会慢慢变得自私自利、以自我为中心。他们从自己的角度来看待与儿童有关的一切，其结果只能使他们与儿童之间的误解越积越多。正是由于这种以自我为中心的态度，使成人把儿童视为一件心里空无一物、有待他人填塞的东西。

因为把儿童当成了一件脆弱的而没有自理能力的东西，成人就觉得必须替他们做所有的事情。因为把儿童当成了一件缺乏精神指导的东西，成人就觉得需要不断地给予他们指导。也许，我们可以说，成人把自己视为儿童的造物主，只站在自己的立场上判断儿童行为的正确与否，以自己为标尺来衡量儿童的善与恶。他们认为自己是完美无缺的，儿童必须以他们为样板进行塑造。一旦儿童有任何行为偏离了成人的方式，就会被认为是邪恶的、错误的，必须马上加以纠正。

成人用这种方式对待儿童，即使他们能够说服自己这是出于对儿童的爱和自我牺牲，但实际上他们却在无意识中压抑了儿童个性的发展。

儿童可能有一种巨大的、与生俱来的创造力，而这种创造力能够在儿童的生活环境中得以发挥。

·2·

正确认识儿童享有的权利

儿童与生俱来的创造力

儿童出生的时候是一无所有的，无论是精神上还是物质上，然而他们却拥有着巨大的发展潜能，要充分发挥出这种潜能，就要以儿童周围的环境作为依托。新生儿的这种“一无所有”同生殖细胞的“一无所有”可以进行一定的比照。

当然，要让人们接受这样的观点是不太容易的。伍尔夫提出了生物体由其本身构建的观点，他向世人展示了生物体的成长过程，这给与他同时代的人们带来了巨大的震撼。

我们发现，儿童来到这个世界上，他将自己创造自身的所有东西，而不是在周围的人群中索取，也不是向他的家庭索取。世界各地，不论什么种族，文明程度如何，情形都是这样的。这是多么令人震惊呀！

而这其中，正是创造力发挥了一定的作用。创造力是人类的本能，它使人能够逐步对自身进行完善，一直到他可以适应自己所处的时代和社会。这是一种学习和吸收力的本能，这种本能为全世界的人所共同具有。

儿童的责任就是去了解现代社会，这个现代社会可以说前无古人后无来者。要区分儿童和成年人在这种特有现象中所起的作用是有一定难度的，要区别这种遗传特征也不容易。

对于学习知识，儿童具有一种超然的态度，这种态度出自于他们的本能。通过从周围环境中学习知识，儿童塑造自己的性格。每个人都会为这种体现出人类整体性的证明而感到惊讶。这个惊人事实的发现激起了人们研究原始部落的热情，人们都希望在对它的研究中取得更进一步的发现。

罗斯·拜尼迪科特博士在他的《文化类型》一书中谈到，一个研究现代民族学的法国传教团体到达了巴塔哥尼亚，在那里，他们发现了地球上现存的最古老的人种，而这些人的生活水平和社会习惯还停留在石器时代。见到白人之后，那些古老的人纷纷逃散，他们在匆忙之中丢下了一个初生的巴塔哥尼亚女孩。一个传教团体收养了这个女孩。女孩现在已经长大了，她能说两种欧洲语言，她具有典型的西方人的生活习惯，她信奉基督教，而且正在大学生物系进行学习。在成长的18年里，她迅速地从石器时代跨入了原子时代。

由此可以知道，在刚出生的时候，生命个体能够毫不费力地进行无意识的学习，并掌握很多东西。

对外界特征进行学习和吸收，是儿童一种非常重要的特征。这说明了生物模仿并不像我们从前想象的那样少见。我们会遇到很多同样的例子。在柏林的动物博物馆里，我们就能够找到足够的例子。模仿正是一种保护现象，包括向周围环境中的事物学习。北极熊有白色的皮毛，蝴蝶的翅膀带有花纹，还有昆虫的生活习惯、鱼的扁平外形等，都体现了这种现象。不过，对周围环境的模仿同这种特征的历史没有关系，也不依赖于生物对周围环境的理解。有些动物对周围环境是无动于衷的，而另外一些动物却在进行模仿。

尽管在本质上完全不一样，但有关其他生命类型的例证对我们了解儿童的心理发展有一定的帮助。

儿童天生就具有一种“吸收”的能力，可以吸收文化。

·3·

教育的宗旨

教育要关注儿童的天性

儿童有一颗可以吸收知识的心灵，具有独自学习的能力。举一个简单的例子就可以说明这一点。儿童长大以后能够说他父母所说的语言，可是对于一个成人来说，学好一门语言是极不容易的。没有人一字一句地教授儿童，可他们却可以把名词、动词和形容词运用得极为出色。

关于儿童语言发展的研究非常有趣。所有投入这项研究的人都会认为，语言学习的最初阶段，也就是单词和名字的使用阶段有一个特别固定的时间段，仿佛已经预先设计好了似的。儿童好像在忠实、准确地根据自然界制订好的时间表来学习，就像一个有着严密组织的老式学校。根据这个精确的时间安排表，儿童极为勤奋地学习语言的不规则变化和语法结构。

每一个儿童自身好像都有一个勤勤恳恳、技术娴熟的老师。人类使用得最流利的语言正是他们在婴儿阶段学到的。如果儿童在长大后去学习另一种语言，即使让最高明的学者来教他们也不可能让他们学得像说自己母语一样自如。必然存在一种精神的力量，能够发挥作用去帮助儿童发展，而且不只是表现在语言学习方面。

在2岁时，儿童已经可以认识周围所有的人和事物。认识到了这一点，我们就会知道，儿童已经学到了很多的东西，从而促进自己内心的成长。人类的所有东西都是在儿童阶段形成的，特别是在人生的最初两年里形成的。儿童不仅要认识周围的事物，理解同时适应周围的生活，而且其中还有一些东西是成人无法教授的，比如智慧、信仰和民族与社会特有的情感等，这些都形成于这个阶段。大自然仿佛能够使儿童不受成人推理方式的影响，而是使他们以自身的内在学习方法顺利地进行学习。在成人所谓的智慧占据和改变儿童的内心以前，儿童就将他们的心理构架建设好了。

3岁时，儿童就已经打下了他的人格基础，并从这个时候开始需要专门的学校教育。儿童在0~3岁这段时间里取得了极大的成就，所以有的人会说，3岁上学时的孩子就是个小大人了。心理学家们也肯定地说，儿童用3年时间学会的东西，我们成年人可能要经过60年的艰苦学习才能够完成。心理学家用一句话表达出了这样的意思："3岁的孩子已经是一个大人了。"可是，儿童这种从周围环境中学习的能力还远远没有发挥到极致。

通常情况下，儿童在3岁时就进入了幼儿学校。此前，他们一般接受不到教育。没有人会直接教育他们。然而，他们却向我们展示出人类精神的伟大之处。我们给儿童提供的只是一所房子而非学校，他们能够在环境的熏陶中学习知识，而不需要任何人直接进行指导。尽管有些儿童来自于社会的最底层，他们的父母也没有受到过教育，可是这些儿童却能够在5岁之前就学会读书和写字。倘若有人问他们："谁教你写字的？"他们常常会惊讶地回答说："教我？没有人教过我呀！"

4岁半的儿童就可以写字了，这让人觉得诧异。对于学习知识，他们其实还没有任何感觉。于是，有些人就开始对“文化的自然获取”这个观点进行讨论。心理学家们特别想知道，这些接受实验的儿童是不是跟其他儿童不一样，我们自己也为这个问题困惑了很长一段时间。

经过多次的实验，我们得出了结论：儿童天生就具有一种“吸收”的能力，可以吸收文化。我们会提出质疑，如果这个结论正确，如果儿童能够毫不费力地获得文化，那么关于文化的其他方面的情况又是怎么样的呢？在实验中我们发现，儿童对它们的吸收速度甚至比读、写还要快。比如，在对动植物、算数、地理的认识和学习上，儿童将同样用一种简单、自然的方式进行学习，而且不花费任何力气。

我认为，教育并不是老师教了什么，它是人类自然进行发展的一个过程。知识不是在教授的过程中得来的，而是儿童通过环境获取经验进而得来的。老师的任务不是讲课，而是要为儿童设置一种特殊的环境，为儿童准备和安排好一系列的文化活动。

我的实验在不同国家进行，已经持续了40年之久。随着儿童年龄的增长，很多父母要求我将实验的时间延长。我们发现，个体的活动就是刺激和促进发展的要素。对于学龄前儿童来说是这样的，对于接受初等、中等甚至更高等教育的儿童来说也如此；

对于学校和教育来说是这样，对于人本身也是同样的：如果一个人的天性能够自由地发展，取得巨大的成就，那么他的精神肯定没有曾经因为受到压制而情绪低落。

所以，我认为，所有的教育改革都应该以人类的个性作为基础。人本身才是教育的中心，人类不只是在大学里获取知识，而是在一出生时就开始了学习的过程，特别是在出生后的最初3年里获取的知识最多、最密集。在这段时间里，我们应更多地去关注儿童。如果我们遵循了这条原则，儿童就不会是一种负担，他们会向我们展示出自然的伟大与神奇。我们将发现，我们面对的并不是只需要帮助的人，也不再是等待我们传授智慧的人，他们的成长将为我们的思想宝库提供许多珍贵的资料。他们凭借自己的天赋不知疲倦地学习着，而且严格地遵守时间，最后长成宇宙中最为神奇的作品——人。作为老师，我们只能像奴仆侍候主人一样，协助他们顺利地完成这一进程。由此，我们成了人类精神发展的见证者，展现在我们面前的是一个全新的人。从此，我们不再为各种各样的琐事所累，我们开始能够指导和规划人类的未来了。

教育需给孩子适当、正确的帮助

我们来看看较大一些的孩子。我曾经接触过几个日本爸爸，他们对孩子的了解程度甚至超过了我们。一位爸爸在带他2岁的儿子散步时，孩子突然坐在地上，这位爸爸没有大声斥责、命令孩子“快起来”，而是耐心地等待孩子自己站起来。这位爸爸体现了对孩子的尊重，不是用长者的身份而是像朋友那样对待孩子。还有一位爸爸，在跟孩子做游戏时，将自己的双腿大大地分开，让孩子在双腿间穿来穿去。这位爸爸在做这个可笑姿势的时候，脸上还保持着长者的尊严。我很敬佩这两位爸爸，他们能从传统的育儿经验中找到适合孩子成长的教育方式，而很多人只是急着让孩子尽快成为大人，成为社会中的人。

我在米兰遇到了一位妈妈，这位妈妈还曾上过我的课程。她当时正在牵着孩子的手要过马路。这时路边教堂里的钟声响起，孩子停下了脚步，想聆听钟声，可妈妈并没有感受到孩子的心情，只是一味地责骂并催促孩子快些走。看得出，让成人不要总是打扰孩子的成长是件非常难的事，但确实非常有必要。要想让成人做到这一点，需要成人了解孩子的需要，并且在与孩子的相处过程中控制住想用自己的方式去塑造孩子的冲动，要充分尊重孩子的成长，让每一个独特的个体都能得到内在生命的自我创造。

我们都知道，孩子不能缺少新鲜的空气和阳光，但这两样只是对孩子的身体有好处。从心理角度看，即使孩子身上洒满了阳光，可心里或许连一丝光线都照不进来。这是因为成人用粗暴、无知的力量毁掉了孩子身上拥有的内在力量——缓慢、重要且脆弱的自我建造。

成人要想给孩子提供适当、正确的帮助，就必须学会细致、敏锐地观察出孩子的需要和感受。如果想制订一套适当的育儿方法，那么首先要做的事情就是让孩子参与到成人的生活之中。因为在孩子的成长过程中，必会对成人的行为进行模仿，如果孩子连成人是怎么做的都观察不到，他们就无法模仿，自然无法学会，就像失聪的人很难学会说话一样。我们要求成人尽可能多地与孩子相处，多让孩子参与家庭生活，可成人总是表现出难以做到。其实与孩子相处，并不会占用成人多少时间和精力，这只是一个心态问题。一个不模仿成人、不会提问的孩子，就像没有灵魂的躯壳一样。而由于偏见，我们提倡成人多陪伴孩子的观念得不到大多数人的认同，很大一部分人认为最健康科学的教养方式是孩子需要很多睡眠。可为什么要强迫孩子睡觉呢？其实如果让孩子多待在大人身边，他们想什么时候睡再什么时候睡，就能发现孩子并不需要过多的睡眠时间。

在北欧，人们坚持让孩子早早就上床休息，这一做法并没有什么科学依据，但很多人都这样去做。曾有一个孩子跟我说，他很想看一下人们谈论的美丽的星星到底是什么样子。由于这个孩子早早就入睡，他根本就没有看到过星星。早早就让孩子入睡的传统会使孩子觉得，进行自我建构是件非常累人的事情，他不得不跟成人斗争，最终成人毁掉了他的自主建造，孩子不得不服从命令早早上床休息。

教育应该贯穿于人的一生

关于从出生起就开始的“终生教育”这一课题，我有必要进行更加细致的说明。

甘地是世界著名的民族领袖。他不但提出教育应该贯穿于人的一生，还指出教育的核心问题应当是捍卫生命。这是一位社会和精神领袖第一次提出这种观点。科学的教育观认为，一个人应该终生都接受教育，这是非常有必要的。而且，近百年来发生的事实也证明了这一点：终生教育能够让人获得成功。然而遗憾的是，现在还没有一个政府部门愿意接纳这种观点。

当今的教育只重视方法、目的以及对社会需要的满足，却没有对人本身进行任何思考。在各个国家的教育体系中，没有一个是从人们一出生就开始帮助和保护他们发展的。这样的教育理念违背了生物学和社会生活的规则，所有正在学习的人都与社会相隔离。

已有的教育体制跟社会生活十分疏远，它们之间的距离极大，就像社会生活和它所产生的问题跟学生没有一点儿关系一样。教育界就像一座孤岛，里面的人都过着与世隔绝的生活，而且准备一直这样隔绝下去。如果一个大学生因为得了肺结核而死去，在他生病期间，学校既不关心也不伤心。可以说，学生所生活的社会环境并没有给予他们足够的关注。可是在学生的葬礼上，学校却会突然表现出关心和伤心的情绪，这实在让人感到诧异和悲痛。有些大学毕业生在进入社会的时候，会感到非常紧张，甚至有无所适从的感觉，认为自己会成为家庭和朋友的负担。即使是这样，我们也不能指望教学机构接纳这个观点。那些各式各样的规定就已经证明了他们这种超然的态度。这些规定让教育机构只考虑学习和考试，然后通过考试向学生颁发文凭或授予学位。它们不允许教育机构考虑学生的心理因素。这就是所谓的现代社会的学校教育取得的最高荣誉。

与此同时，社会问题的研究者发现，大学毕业生和其他一些取得文凭的学生对未来的生活丝毫没有做好准备。不仅这样，他们有效地参与社会工作的能力也被大大削弱了。有关资料表明，有精神问题的病人、罪犯和异端人士的数量在不断地增加。社会学家呼唤学校在这方面进行努力，但是学校对这些问题却并不关心。学校还处在古老的传统影响之下，不愿轻易改变自己。不良的教育方式会给学生造成极大的影响，只有外界的压力才能改造和弥补它所造成的缺陷。

教育是永恒的爱

我非常希望可以引出所有诗人、先哲和圣人们所说的话，可是这些话的数量实在太多了，他们所使用的语言也特别丰富，我不可能做到这一点。而在这里，我就引用大家都了解的圣人圣保罗的话，他对爱进行了淋漓尽致的描述：

> 如果没有了爱，人类甚至是天使的语言也只是一些没有意义的声音。即使我可以预言所有的事物、知道所有的奥秘、掌握全部的知识，即使我的信心可以移山，可是如果没有了爱，也必定是一事无成。即使用我所有的财产去救助穷人，即使我可以舍身成仁，可如果没有了爱，那又能怎么样！

一切就都失去了意义。我们建立起庞大的组织体系，给穷苦的人提供粮食、衣物，而如果没有真正的爱心，那就根本没有意义。这有些像敲鼓，我们可以听到鼓的声音，正是因为鼓是中空的。

那么，什么才是爱的本质呢?我们可以从前面引用的圣保罗的话中看出，爱是伟大的，是高尚的。圣保罗还说：

> 爱是一种持久的忍耐，是一种仁慈；爱是不嫉妒，不做羞耻的事情，不矜持；爱是不谋取私利，不存野心，不发怒，不做恶事；爱是坚持真理与正义；爱是做所有的事情都要包容、信任、期望和忍耐。

这些话虽然不是什么哲学理论，可它们同样能给我们启示。

爱存在于每个人的心中，而不只是充溢在那些能用诗歌和宗教表达爱的人心里。爱是大自然赋予每个人的神奇。在各种各样的场合，这种伟大的力量都会得以体现。人类正受到各种各样的战争带来的困扰，而爱的甘露也在滋润着人类。如果爱不存在了，人类创造的所有事物都没有任何意义，即便是所谓的进步也会失去价值。这个道理不难理解。每个降生在这个世界上的孩子都拥有爱的天赋。如果儿童发挥出自身的爱的潜能，人类将会取得难以估量的成果。当然，我们现在已经取得了很大的成就。成人和儿童的力量应该结合在一起。成人要想变得伟大，就一定要谦虚地向儿童去学习。令人觉得奇怪的是，在人类的种种发现和奇迹中，唯独“儿童的奇迹”这个领域还没有受到关注。

被当作成人附属品的儿童根本没有能力为自己争取权益，他们受到的伤害直接而又深刻，他们特别需要社会给予同情和空间。

·4·

儿童的需求

帮助儿童适应环境

我的教育方式，一方面要帮助儿童实现自身的发展，另一方面要帮助儿童适应周围的环境和社会的需求，而这种社会需求是由儿童以及与儿童生活的人一同来控制的。我认为，“适应”这个词指的是愉快、轻松和内心的某种平衡状态，会给儿童一种安全感。“适应”以精神层面的永久性作为基础，也就是在儿童的家庭所处的环境下的一种道德与经济的平衡状态，而且其社会影响具有一定的决定性。在家庭生活中，儿童在心理学活动的引导下成长为成熟的个体，从而去适应他成长的环境。在适应的过程中，“稳定性”是很重要的，像牢固的磐石一样，是一个人开始向实现愿望迈进的坚实基础。

我们现在所处的环境对儿童来说比过去的更不容易适应。来自各方面的新思想冲击着社会、经济以及人们的精神，已经造成了一些变化，全球都处在一种混沌不明的状态下，致使人们觉得没有什么可以永恒。在这样的状况下，儿童就更难适应环境了，并且有一些不适应环境的现象出现，而这些信号一直在持续地增加。在20世纪，也是历史上第一次，人们正以过去很难想象的速度，将心理学广泛地应用到儿童身上。

儿童不适应现象不断地增加，其重要原因就是不安全感。两次世界大战之后，我们开始处于一个旧价值观被摧毁和抛弃，但新价值观还没有完全建立起来的时代。不安全感在社会上盛行，而且快速地蔓延开，投射到儿童的身上，导致他们的心理健康受到极大的伤害。也就是说，从本质上来讲，精神的平衡是心理健康的基础，而个体的日常行为举止要靠一种价值观来引导，坚固的价值观就像能使人安稳地立于其上的一根支柱。联系现实的状况，来自世界各地的各种相对观念意识通过收音机、报纸和电影传播而来，使人们不由自主地受到冲击。连成人都受到这些冲击的影响，它们在幼儿心理上引起的困惑无疑就更多了！

帮助儿童了解世界

当儿童遇到困难的时候，不要去寻求外力的援助，而要注意幼儿的本能和幼儿发展的根本需求。偏离正轨的儿童，只去治疗表面的症状是没有用的。每个人都要突破外在的行为模式，从而触及最深、最基本且有创造力的部分。对于任何年龄的孩子来说都是这样的。

6岁以上的儿童能够从周围的环境中吸收他们和他们家人所面对的充满限制的社会信息。我们必须努力给儿童所渴望的对这个世界的了解，比如这个世界的机能、这个世界对人类生活和行为的影响。同时，我们只是为儿童揭示出一些东西是不够的。为了回应儿童的需求，这个世界一定要在他们成长与发展的第二个阶段，打造一个他们同样可以吸收的环境。也就是说，在6岁以后，儿童应该要能“融入”这个世界，就如同在他们生命的前几年中，已经可以融入周围的环境一样。作为蒙台梭利教育的老师，应该懂得关于“敏感期”表现的技巧、儿童活动的需要等。

我们不只是要做到给孩子这个世界，而且要清楚地描绘“人类在这个世界中的地位”。第一，世界的机能是怎样运作的；第二，人类是怎样受世界机能运作的影响，这是两个基本的问题。另外，我们一定要尽力让儿童真正了解人类对他们同胞所做的贡献。因为，如果幼儿可以体验到世界的机能是怎样运作的，能够体验到人类在其整个生命周期里为自己工作的同时其实也在为别人工作，那么就有一种明显的事实（会有一种思想自然而然地生成）让儿童能够感激人类，即使这在目前对他们来说仍然很难明了。基于这些不可改变的事实，不管处于任何特别的历史时刻，还是处在整个历史的过程中，意识形态的改变会促进人类通过不同的途径去追求儿童教育的改变。

帮助儿童了解人性

应该被强调、被凸显的另一事实是，人性的宽大。儿童有一个很好的机会来感悟人性和体验在这个世界中他不认识的人的感觉——这些人可能在非洲，也可能在澳大利亚。幼儿由此发展天性本能并意识到人性是值得感激和尊敬的。

儿童应当借助我们的帮助来进行吸收。因为当儿童一旦养成了自身的性格，不管之后有怎样的观念意识冲击，他都能凭借自身的基本意识来判断是非曲直。

如果人们在儿童时期有机会去了解世界和社会，他们就不会那么容易去追随空想的社会体制。仔细想想，一个领导者怎样成了领导者？因为他所阐释的观念和意识，让他得以澄清了模糊意识，而后来加入团体的那些跟随者却并没有清晰的意识。一旦有人走出来，清楚地陈述并解答了这些意识问题，他就成了一个领导者。而当他成为一个领导者，而且已经激发了信心和热情，如果那些跟随者没有掌握事实的基础，那么即便走向灾难，他们也将跟随着领导者。然而，人们在幼儿时期已经接受过辅导，除了知道了这个世界和社会运作的真实情况，还对默默为他们工作的人心怀感激之情——这是人性的全部。

本章小结

蒙氏养育观点

人本身才是教育的中心，人类不只是在大学里获取知识，而是在一出生时就开始了学习的过程，特别是在出生后的最初3年里获取的知识最多、最密集。

儿童“具有吸收力的心灵”能够接受任何事物，对一切事物都充满希望，不管贫穷还是富有，也不管什么宗教信仰，最终都将在儿童的身上体现出来。

教育并不是老师教了什么，它是人类自然进行发展的一个过程。它不是在教授的过程中得来的，而是儿童通过环境获取经验进而得来的。老师的任务不是讲课，而是要为儿童设置一种特殊的环境，为儿童准备和安排好一系列的文化活动。

儿童在成人世界受到压制，这是一个在全世界范围内普遍存在的社会问题。被当作成人附属品的儿童根本没有能力为自己争取权益。儿童受到的伤害直接而又深刻，他们特别需要社会给予同情和空间。

蒙氏养育指导

□ 一个孩子之所以不能正常地成长和发展，很可能是由于受到了成人的压制。

□ 如果成人没有做好纠正错误的准备，没有采取适宜的态度，他们就不可能进一步了解儿童。

□ 儿童来到这个世界上，他将自己创造自身的所有东西，而不是在周围的人群中索取，也不是向他的家庭索取。

□ 不要用长者的身份而是像朋友那样对待孩子，而很多人却只是急着让孩子尽快成为大人，成为社会中的人。

□ 成人要想给孩子提供适当、正确的帮助，就必须学会细致、敏锐地观察出孩子的需要和感受。如果想制订一套适当的育儿方法，那么首先要做的事情就是让孩子参与到成人的生活之中。

□ 成人应尽可能多地与孩子相处，多让孩子参与家庭生活。

□ 强迫孩子睡觉会使孩子觉得，进行自我建构是件非常累人的事情，他不得不跟成人斗争，最终成人毁掉了他的自主建造，不得不服从命令。

附　录

MONTESSORI BRINGING UP

YOUR 6 YEARS OLD

CHILD

激发手部肌肉记忆力训练

训练目的：刺激孩子的手部肌肉记住字母的形状，并让孩子认知不同的字母

step 1 用砂纸剪一套字母板教具。

step 2 将砂纸字母板放在桌子上，让孩子以一个舒服的姿势坐下来。

step 3 父母示范触摸动作：将手稍微抬起来一些，用食指和中指轻轻触摸砂纸字母。

step 4 孩子按照父母示范的动作触摸砂纸字母。当孩子触摸字母时，父母可以轻轻读出这个字母的发音，并重复几次，加深字母在孩子头脑中的印象。

训练方略

● 训练时，父母可以拿出两个字母，比如a、o，让孩子认真触摸，并将字母的发音告诉孩子。然后，父母对孩子说："请把字母a给我。"或"请把字母o给我。"孩子能正确分辨后，父母可以说："这个是什么字母呢？"

词汇积累训练

训练目的：帮助孩子积累词汇，满足孩子的阅读欲望

step 1 准备一些写着词汇的卡片，分门别类地放进准备好的盒子内。

step 2 把装着卡片的盒子放到孩子触手可及的地方，让孩子自由选取、阅读。

step 3 等到阅读完卡片后，让孩子将卡片整齐地放回盒子内。

训练方略

- 卡片上的内容要多样化，可以是孩子常见的物品，也可以是孩子和家人的姓名、地名等，甚至是专业名词等词汇。

- 盒子内卡片的数量要足够多，不要只有零零散散的几张。

激发书写潜能的训练

训练目的：激发孩子书写的欲望，锻炼孩子的动手能力

step 1 准备一套活动的汉语拼音字母卡教具。

step 2 妈妈先给孩子做示范，说出一个眼前物体的名字，随后用汉语拼音字母卡正确地拼出来。

step 3 孩子再根据妈妈说出的名字进行拼音。

step 4 经过一段时间的练习后，孩子就能根据自己头脑中想到的词汇，用字母把这些词汇拼出来了。

训练方略

- 游戏进行一段时间后，妈妈可以先将拼音拼好，让孩子念出来，这样不仅能帮助孩子书写，还能让孩子了解阅读。

- 在游戏时，父母需要给孩子充足的时间，不要催促孩子。

书写训练

训练目的：让孩子掌握控制书写工具，为书写打下良好的基础

step 1 准备5对形态各异的几何板和几何框架，并在桌子上将它们依次排列开。

step 2 孩子可以从中选择一个或多个图形。

step 3 孩子将几何框架放在白纸上，用彩色铅笔沿着框架将它的轮廓画出来。当拿走框架后，白纸上就会留下一个封闭的几何图形。

step 4 接下来，孩子将几何板放在刚才所画的图形上面，让两个图形重合到一起，用另一种颜色的铅笔将它的轮廓画下来。当孩子拿起几何板后会发现，用两个不同的东西画出了相同的图形。

训练方略

● 孩子在做到Step4的时候，一定要选择一支同Step3不同颜色的画笔，这样才能清楚地表现出两个完全不同的东西能画出完全相同的几何图形。

● 孩子不仅仅对复制这些图形感兴趣，还会在临摹图形的过程中学会画一些简单的图形，比如圆形、正方形等。

阅读训练

训练目的：**帮助孩子理解书面语言，强化孩子的纪律性**

step 1 准备好写着动作的纸条、一个篮子。

step 2 将纸条叠好放进篮子内，在游戏开始前让孩子保持安静。

step 3 把盛着纸条的篮子拿出来，放到孩子面前。

step 4 让孩子从篮子内拿一张纸条，回到自己的座位上。

step 5 让孩子默念1～2遍纸条上的内容，念完后把纸条折叠好。

step 6 当孩子确定自己明白纸条上的内容后，把纸条还回去，开始做纸条上要求的动作。

训练方略

- 在做动作时，让孩子保持安静，这可以强化孩子的纪律性。

- 父母可以用指示条锻炼孩子。比如，在孩子洗手的地方，贴上“洗完后，关掉水龙头”等。这样在无形中就锻炼了孩子的语言逻辑，提升了孩子的阅读能力。

作文训练

训练目的：让孩子初步了解作文的写法，提升孩子的阅读能力

step 1 准备大量短句卡，一张桌子和几把小椅子。

step 2 将准备好的短句卡无规则地放在桌子上。注意：游戏开始前让孩子保持安静。

step 3 让孩子坐到桌前，根据自己的想法，随意排列桌子上的短句卡。

step 4 排列完成后，让孩子默念短句卡上的内容。

训练方略

- 孩子在排列短句卡时，父母尽量不要打断孩子。
- 如果使用的是同动作有关的短句卡，可以在孩子完成排列后，让孩子按照短句卡上的指示做动作。

讲故事训练

训练目的：让孩子自由表达，提高语言组织能力和想象力

step 1 准备一本有趣的童话故事。讲故事前要保持安静，以便让孩子能专注地听故事。

step 2 妈妈把故事讲给孩子听，但要把故事的结尾省去。

step 3 妈妈引导孩子从不同角度来讲述故事的结尾，让孩子自由发挥。

训练方略

- 孩子讲完故事的结尾后，妈妈可以根据孩子的讲述，同孩子共同制作一本属于孩子的故事书。
- 在讲故事的结尾时，父母最好不要随意打断孩子的讲述。
- 有讲得不好的地方，妈妈要恰当引导，给孩子适当的解释，从而帮助孩子把故事的结尾讲得更合情合理。

自理能力训练

训练目的：学习清洗易碎品的方法，掌握轻拿轻放的本领

step 1 准备4个带有油渍的小碗。

step 2 让孩子把小碗放进盆内，之后放入清水和适量清洁剂浸泡。

step 3 右手拿抹布，左手拿小碗，用抹布清洗小碗。

step 4 等到清洗完成后，把小碗放到清水下冲洗一遍。

step 5 冲洗干净后，放到指定的位置。

step 6 按照上面的步骤，清洗其他的小碗。

训练方略

- 在练习时，还可以使用盘子、玻璃杯等餐具，也可以把几种餐具混合到一起清洗。

- 练习时，父母最好在旁边，以免孩子不小心打碎小碗伤到自己。

礼仪训练

训练目的：学习接待客人的基本礼仪，锻炼孩子的专注力

step 1 教孩子舀出一匙茶叶放入茶壶内，并让他学着向茶壶内倒入热水。

step 2 等到茶壶内的茶叶飘出香味后，一只手握住茶壶的把，另一只手的食指和中指按住茶壶盖，小心翼翼地把茶水倒入茶杯内。

step 3 把倒满茶水的杯子放到茶盘上。

step 4 孩子双手端着茶盘，放到客人面前，并说“请喝茶”。

训练方略

●等到客人走后，父母和孩子共同收拾茶具，清洗干净后放回原位。

●泡茶时，父母一定要注意别让热水烫到孩子。

●除去泡茶，孩子还可以做给客人端果汁、和客人聊天等事情，以此来学习接待客人的基本礼仪。

克制训练

训练目的：让孩子学会克制急躁的行为

step 1 让孩子和他的小伙伴用自己喜欢的事物来给自己命名。

step 2 让孩子们安静地待在屋内，端正地坐好。

step 3 父母在屋外用非常细微的声音来召唤孩子，被点到名字的孩子要轻轻地走出房间，来到大人身边，其他孩子则要保持原来的姿势待在屋内，不能说话。

step 4 为了增加游戏乐趣，父母可以根据孩子的名称编一些有趣的歌谣，例如“小白兔在哪里？小白兔快出来”。

训练方略

- 这个游戏适合几个小朋友一起玩。

- 在点名的时候，父母要仔细观察孩子的行为，从中了解孩子的自控能力。